Für Eva

Jan Bleckwedel

Entwicklungsdimensionen der Liebe

Wie Paarbeziehungen sich entfalten können

Vandenhoeck & Ruprecht

Liebe ist kein Solo,
Liebe ist ein Duett.
Adelbert von Chamisso

Mit 15 Abbildungen und 2 Tabellen

Bibliografische Information der Deutschen Nationalbibliothek

Die Deutsche Nationalbibliothek verzeichnet diese Publikation in der
Deutschen Nationalbibliografie; detaillierte bibliografische Daten sind
im Internet über http://dnb.d-nb.de abrufbar.

ISBN 978-3-525-40194-1

Weitere Ausgaben und Online-Angebote sind erhältlich unter: www.v-r.de

Umschlagabbildung: il67/shutterstock.com
Innenabbildungen: Meik Lauer

Satz: SchwabScantechnik, Göttingen
Umschlag: SchwabScantechnik, Göttingen
Druck und Bindung: ⊕ Hubert & Co., Göttingen

Gedruckt auf alterungsbeständigem Papier.

Inhalt

Abenteuer Text: Eine Einladung

Das Einfache ist nicht das Simple,
sondern es ist das Komplexe,
das sich nichts anmerken lässt.
Franz Hohler, zit. nach Rufer, 2013

Wurde nicht schon alles über die Liebe geschrieben? So verwunderlich es ist, ein Modell für die Entwicklung von Paarbeziehungen fehlte bisher in der Psychologie. Es geht um eine Entwicklungsperspektive, die selbst für Experten ungewöhnlich ist und ein paar Überraschungen bereithält. Ich wollte aber von Anfang an, dass alle, die sich für die Entwicklung von Liebesbeziehungen interessieren, dieses Buch mit Vergnügen und Gewinn lesen können, nicht nur Fachleute. Schließlich sind die Liebenden die eigentlichen Experten, wenn es um das praktische Zusammenleben geht. Verständlich und einfach schreiben und gleichzeitig die Komplexität erhalten – ich gebe zu, das war keine leichte Aufgabe. Am Ende hat mir aber genau diese Herausforderung Freude bereitet. Ich hoffe, dabei ist ein gut lesbarer Text entstanden, präzise genug, um das Wesentliche zu erfassen, humorvoll genug, um die nötige Distanz zu wahren, verständlich genug, um anregend zu sein, und offen genug, um den Blick zu weiten für die Komplexität und Vielfalt des Liebeslebens, die mit nichts zu vergleichen ist.

Im Hauptteil habe ich aus Gründen der Lesbarkeit auf ausführliche Herleitungen und Fußnoten, so weit es ging, verzichtet. Aber selbstverständlich musste nicht alles neu erfunden werden: Interessierte finden im Anhang die wichtigsten Quellen und

Autoren. Ein Theorieband mit dem Titel »Paarbeziehungen: Ein systemisches Entwicklungsmodell« erscheint im nächsten Jahr.

Teil A:
Kann denn Liebe spannend bleiben?

Imagine

Was wir begehren, prägt uns.
John Irving, 2013

Als ich dieses Buch zu schreiben begann, verbrachte ich den Sommer in New York. Wenn man vom Riverside Drive am Hudson die 103. Straße nimmt und dann auf der Westseite des Parks Richtung Süden läuft, erreicht man auf Höhe der Dakota-Appartments die Strawberry Fields. Zwischen schlichten Rasenflächen und hohen Bäumen findet sich ein rundes Mosaik, in der Mitte ein einziges Wort: IMAGINE. Manchmal ist der kleine Platz ganz leer, manchmal angefüllt mit Leuten, aber immer irgendwie still. Das berühmte Memorial ehrt nicht nur John Lennon, sondern die Kraft der Fantasie, die Vorstellung, dass Gedanken Berge versetzen können. Stellen wir uns also vor, Liebesbeziehungen könnten sich entwickeln.

Alles beginnt mit dieser Idee. Die Idee geht zurück auf einen kurzen Text von Lyman Carroll Wynne (1985) über die Entwicklung menschlicher Beziehungen. Als ich diesen Text zum ersten Mal las, war ich sofort fasziniert. Warum? Die meisten Menschen wünschen sich heute eine dauerhafte Beziehung, in der die Gefühle, die eine Liebesbeziehung ausmachen, lebendig bleiben. Die Frage ist nur: Wie kann das ganz konkret und praktisch auf Dauer gelingen? Sicher kommt es auf das Tun an, das eigene Tun, das Tun des anderen und das gemeinsame Tun. Genauso wichtig ist allerdings die *Vorstellung* darüber, was eine Paarbeziehung denn eigentlich ist oder sein könnte.

Ein entwicklungsorientierter Rahmen für die Liebe

Mit etwas Fortune finden sich in der Liebe zwei Menschen, die sich gegenseitig so akzeptieren, wie sie sind, aber dabei nicht stehen bleiben. Zwei, die sich gegenseitig bestätigen, aber auch gegenseitig herausfordern, miteinander und aneinander zu wachsen.

Die Idee von Wynne geht über diese Vorstellung jedoch noch um Einiges hinaus. Wynne bringt in den Blick, dass nicht nur die Partner in einer Beziehung gemeinsam wachsen können, sondern auch die Paarbeziehung selbst sich entfalten kann. Damit öffnet sich eine neue Dimension. Das klingt im ersten Moment vielleicht etwas abstrakt und nicht besonders spannend. Richtig aufregend wird es, wenn einem bewusst wird, dass im Rahmen dieser Idee das, was wir Verliebtsein nennen, nicht länger als etwas aufgefasst werden muss, das irgendwann, zwangsläufig und unwiederbringlich einfach verblasst und vorübergeht.

Immerwährendes Verliebtsein? Natürlich können Paare niemals wieder an derselben Stelle in den Fluss der Ereignisse steigen. Die Zeit vergeht und die Phase des *Falling in love* kann nicht ewig dauern, sie bleibt einzigartig und kann nicht wiederholt werden. Wenn wir das Verliebtsein jedoch als eine Dimension betrachten, in die Paare immer wieder aufs Neue eintreten können, dann ergibt sich für Liebespaare, die länger zusammenbleiben wollen, eine Perspektive, die jenseits traditioneller Vorstellungen liegt. Es öffnet sich ein Entwicklungsraum, in dem die Empfindungen und Gefühle, die wir mit dem Verliebtsein verbinden, zugänglich bleiben. Natürlich ändern wir uns und die Beziehung verändert sich. Aber wenn zwei das Grundmuster erhalten und pflegen, können sich die Formen des Verliebtseins weiterentwickeln, es wächst etwas, das trägt und federt und beglückt.

Stellen wir uns nun vier weitere Entwicklungsdimensionen vor, in denen Paarbeziehungen sich entfalten können. Dimensionen, die aufeinander aufbauen, miteinander verknüpft sind und prinzipiell für Entwicklungen offen bleiben. In einem solchen erweiterten Ganzen wäre Verliebtsein nur *ein,* wenn auch ein zentraler, Entwicklungsbereich unter mehreren.

Ich gebe zu, dass eine solche Idee viele tradierte Vorstellungen über die Liebe radikal in Frage stellt. Wie kann die Sehnsucht, die Leidenschaft, das Abenteuer, die Erotik, der ganze geistige und körperliche Sex-Appeal einer Beziehung auf Dauer lebendig bleiben? Wenn zwei länger zusammen sein und ein Liebespaar bleiben wollen, dann müssen sie diese Fragen immer wieder riskieren. Sie haben dann, mehr behaupte ich gar nicht, allen überlieferten Mythen zum Trotz eine gewisse Chance, auf Dauer eine erfüllende Beziehung zu leben, in der die Leidenschaft erhalten bleibt. Das Risiko des Fragens ist allerdings nur sinnvoll, wenn zwei sich vorstellen können, dass Verliebtsein etwas ist, das transformiert werden kann – ganz besonders in dieser einen Beziehung. Die Idee, dass Paarbeziehungen sich in mehreren Dimensionen entwickeln können, gibt dieser Vorstellung einen erweiterten Rahmen. Das war es, was mich vor vielen Jahren elektrisierte und mir auch heute noch so gut gefällt.

Realismus ist sicher wichtig, wenn man länger zusammenbleiben will. »The very best you can hope for is that you've got somebody who's gonna respect you enough to go through the day-to-day bullshit and be honest with you. That's the most romantic thing in the world«, sagt Jim in einem Interview mit Dana Adam Shapiro (2012): »Das Höchste, worauf du hoffen kannst, ist jemand, der dich genug respektiert, um mit dir gemeinsam durch den alltäglichen Wahnsinn zu gehen und dabei ehrlich und offen zu bleiben. Das ist die romantischste Sache von der Welt.« Da ist was dran, aber die Vorstellung, ohne irgendeine Art des Verliebtseins in einer »Vernunftehe« zu leben, schreckt mich bis heute. Dann lieber auseinandergehen. Was wäre der Mut, dazubleiben und eine Liebe gemeinsam zu gestalten, ohne die Sicherheit, notfalls gehen und allein leben zu können? Für die nachhaltige Entwicklung einer Liebesbeziehung ist beides unverzichtbar. Angenommen, die Liebe wäre eine Öffnung zwischen Fantasie und Wirklichkeit, warum sollten wir nicht einfach immer wieder durch diese Öffnung hindurchspazieren?

Einladung zum dreidimensionalen Sehen

Wie Personen in Paarbeziehungen gemeinsam wachsen können, wurde schon beschrieben (Willi, 2007). Ich schlage hier etwas anderes vor. Ohne die Entwicklung der Personen zu vernachlässigen, soll die Entwicklung der Beziehung selbst in den Mittelpunkt rücken.

Stellen wir uns vor, wir nehmen etwas Abstand von den einzelnen Personen und der Fokus der Aufmerksamkeit verschiebt sich auf das, was sich *zwischen* den Partnern ereignet. Jetzt können wir erkennen, wie sich allmählich bestimmte Muster zwischen Personen herausbilden. Muster, die verbinden und die eine Beziehung erschaffen. Über die Zeit entwickeln sich besondere Muster (Muster der Kooperation, Muster der Kommunikation). Sie bauen aufeinander auf. Sie beeinflussen sich gegenseitig. Sie werden komplexer.

Die Beziehung selbst entwickelt sich, während die Partner sich entwickeln. Wir haben es also mit *drei* gleichzeitigen Entwicklungen zu tun, die aufeinander bezogen sind und gleichzeitig ablaufen: die Entwicklung der beiden Partner und die Entwicklung der Beziehung.

Am Ende ihrer Reise nach Panama, wo es schön sein soll, kehren der kleine Tiger und der kleine Bär wieder nach Hause zurück. Eigentlich ist alles so, wie sie es verlassen haben, der Fluss, das Haus, das Sofa. Sie glauben aber in Panama zu sein, alles wirkt so unbekannt und anders. So neu. Etwas hat sich verändert. Die Art und Weise, die Welt anzuschauen. Was ich hier vorschlage, ist vergleichbar. Es geht darum, ein eigentlich vertrautes Territorium mit einer etwas anderen Sichtweise zu erkunden. Es muss nicht alles umgekrempelt oder neu erfunden werden, und doch eröffnet sich die Chance, das Beziehungsleben neu zu entdecken. Sagen wir, es ist ähnlich wie beim Wechsel vom zweidimensionalen zum dreidimensionalen Sehen.

Ein mehrdimensionaler Entwicklungsraum für Liebesbeziehungen

Das Entwicklungsmodell, das ich hier vorstelle, hat fünf Dimensionen: *Verliebtsein, Miteinander sprechen, gemeinsames Tun, Gegenseitigkeit aushandeln* und *Intimität teilen.* Diese Begriffe sind weder neu noch überraschend. Neu ist die Konzeption von fünf Bereichen, die von Anfang bis Ende für Entwicklung offen bleiben und ein zusammenhängendes Ganzes bilden.

Wenn wir uns vorstellen, dass Liebesbeziehungen sich transformieren und in fünf Dimensionen entwickeln können, dann entsteht in der Vorstellung ein Rahmen, in dem sich Liebe über viele Jahre hinweg entfalten kann. Das ist natürlich zunächst nichts weiter als eine Fiktion. Aber eine konsequent entwicklungsorientierte Sicht verändert die Art und Weise, wie wir Paarbeziehungen wahrnehmen. Wenn die Qualität einer Beziehung sich im Prinzip ein Beziehungsleben lang weiter entwickeln kann, dann erscheint das Zusammenleben in einem anderen Licht. Die Herausforderungen des Zusammenlebens bleiben die gleichen, aber es werden *Möglichkeitsräume* und *Gestaltungsspielräume* sichtbar, die so vorher nicht oder nur undeutlich erkennbar waren.

It's love, stupid

Das Glück ist eine leichte Dirne,
Und weilt nicht gern am selben Ort;
Sie streicht das Haar dir aus der Stirne
und küsst dich sacht und flattert fort.
Heinrich Heine, 1851

»Wenn das Buch zu Ende ist, wenn im Theater der Vorhang fällt, dann liegen die schönen jungen Menschen, die einander geliebt haben, erstochen oder vergiftet oder aus innerster Not aufgerieben am Boden, oder: die schönen jungen Menschen rennen jubelnd aufeinander zu, stürzen sich in die Arme, küssen einander unter Tränen und der Himmel dröhnt von siebenhundert Glocken« (von Matt, 1999, S. 371).

Liebesgeschichten enden in der Literatur, sagt die Literaturwissenschaft, in der Hälfte aller Fälle fröhlich. Das macht Hoffnung. Die Sache hat nur einen Haken. Alles konzentriert sich auf die Frage: Kriegen sie sich oder kriegen sie sich nicht? Eine etwas kurzfristige Betrachtungsweise.

Über das Danach erfahren wir – im Kino, im Theater, in der Oper, im Roman – wenig. Desaster ja, aber Geschichten über anhaltend glückende Liebesbeziehungen? Die Kunst ist in dieser Sache eine wenig ergiebige Quelle. Der amerikanische Romancier John Irving bringt es in einem Interview auf den Punkt: »Stellen Sie sich vor, wie viele Leser auf der Stelle einschliefen, wenn ich auf die Frage nach meinem nächsten Buch antworten würde: well – diesmal geht es um eine überaus lange und glückliche Ehe« (Irving, 2012)!

Wer in der Literatur ernst genommen werden möchte oder beim Film einen Preis gewinnen will, zeigt, von ganz wenigen Ausnahmen abgesehen, das Leiden an der Liebe, die düsteren und dunklen Seiten, ihre Destruktivität und Zerbrechlichkeit, die Abgründe und den Makel, die kleinen Gemeinheiten und die großen Grausamkeiten, die ein Zusammenleben zur Hölle machen können. Das große Kino eben. Hoffen auf ein länger anhaltendes Glück? *Love is a losing game!*

Die therapeutische Fachwelt wird bis heute durch eine ähnlich verengte Sicht auf Paarbeziehungen bestimmt. Das beginnt mit Sigmund Freud (2001), der den Ödipuskomplex – immerhin eine ziemlich tragische und wilde Dreiecksgeschichte, die einen das Gruseln lehrt – als Ausgangs- und Angelpunkt seiner Psychologie wählt. Nicht, dass es solche Geschichten nicht gäbe, die Frage ist nur, wie sinnvoll es ist, sie zum Zentrum seines Denkens zu machen. Glaubt man Woody Allen, gibt es sowieso eine enge Verbindung zwischen Kunst und Psychoanalyse. Die einen beschreiben Kaputtheit, die anderen hören sich das an. Kein Wunder, wenn dabei ein deprimierendes Weltbild herauskommt. Déformation professionelle: Wer sich in die Fachliteratur vertieft, muss zu dem Schluss kommen, dass ein erfülltes Liebesleben aus der Bearbeitung von Gestörtheiten besteht, ein seltsam verdrehtes Bild der Wirklichkeit. Fallschilderungen beginnen gerne mit einer deftigen Darstellung von Beziehungswahnsinn und finden ihren Höhepunkt im therapeutischen *Dreh,* der eine Wende einleitet. Aber wie geht es dann weiter? Und was ist mit denen, die gar nicht erst in die Praxis kommen? Es ist sicher hilfreich, zu beschreiben, wie Paare Krisen meistern und mit den zweifellos auftauchenden Seltsamkeiten umgehen können. Aber ist das schon alles, was wir über das Gelingen von guten Beziehung sagen können?

Die Lücke, die sich auftut, ist eine Chance für Ratgeber. Sie möchten dem menschlichen Makel etwas entgegensetzen, indem sie verraten, wie es denn eigentlich gehen könnte oder sollte. Einige enthalten sinnvolle Anregungen für das Zusammenleben. Darunter wirklich ausgezeichnete! Ich meine das ganz ernst. Die besseren nennen allgemeine Prinzipien, über die man nachdenken kann, und es wäre sicherlich gut, den einen oder anderen Ratschlag zu befolgen.

Andererseits lohnt es sich, skeptisch zu bleiben. Was für die einen in jener Situation passt, passt für die anderen in dieser Situation vielleicht gar nicht. Das gilt allemal für Menschen in Beziehungen. Die Sache, um die es hier geht, ist zu komplex, die inneren Voraussetzungen, die äußeren Rahmenbedingungen sind zu unterschiedlich, um alles über eine Kamm zu scheren. Die amerikanische Familientherapeutin Judith Wallerstein warnt nicht ohne Grund davor, »die zentrale Beziehung des Erwachsenenlebens [zu] trivialisieren« (Wallerstein u. Blakeslee, 1996, S. 17). Denn so viel ist klar: Wer die Liebe einfangen oder gar in irgendetwas einsperren wollte, hat sie schon verloren.

Die Liebe lebt nun mal, wie der Tango, von spontaner Improvisation, vom Swing, der Raum gibt für *Abweichung* und *Überraschung*. Wenn irgendetwas mit Gewissheit gesagt werden kann, dann das: Etwas so grundlegend Scheues und Irrationales wie die Liebe darf in kein Schema gepresst, keiner Ordnung unterworfen werden. Ein zwingendes Ideal oder der Entwurf einer allgemein gültigen Ordnung für die Liebe, das wäre der Sündenfall (vgl. Barthes, 1988).

Die Liebe: Nichts wurde so oft besungen, über nichts wurde so oft geschrieben. Wir feiern sie leidenschaftlich und doch droht das Wenige, was wir über die Liebe wissen, in Vergessenheit zu geraten. Eine Zivilisation im Beschleunigungs- und Effektivitätsrausch könnte die Liebe verspielen. Liebe braucht Spielraum, Rhythmus, Pause, Wiederholung, Langsamkeit und Warten:[1] »Du musst sehr geduldig sein. Du setzt dich zuerst ein wenig abseits von mir ins Gras. Ich werde dich so verstohlen, so aus den Augenwinkeln anschauen, und du wirst nichts sagen … Aber jeden Tag

---

1 Langsamkeit, Wiederholung, Pause und Warten bezeichnet der Zeitforscher Karlheinz Geißler als »Zeitqualitäten, die dem rasenden Zeitgeist […] in die Quere kamen […] [und] aus dem Weg geräumt wurden« (2010, S. 12).

wirst du dich ein wenig näher setzen können« (Saint-Exupéry, 2012, Kapitel 21).

Wir brauchen Zeit, um glücklich zu sein, und Geduld, um Beziehungen zu entwickeln. Nur – wer kann sich das heute schon leisten? Und doch können wir auf die Liebe nicht verzichten. In einer Welt, in der alles berechenbar erscheint, verschafft die Liebe dem Rätselhaften und Unverfügbaren Raum. Sie beflügelt und führt doch immer wieder zurück auf den Boden der Tatsachen. Sie birgt die Gefahr der schlimmsten Verwüstungen in sich und verweist doch gleichzeitig auf den utopischen Kern, in dem wir unsere besten Absichten bewahren. Vor allem bleibt sie ein Abenteuer.

Bindungsfreude

Liebe – sagt man schön und richtig –
ist ein Ding, was äußerst wichtig.
Nicht nur zieht man in Betracht,
was man selber damit macht.
Nein, man ist in solchen Sachen
auch gespannt, was andre machen.
Wilhelm Busch, 1877

Fragen im Interesse der Liebe

Wie geben Sie Ihrer Liebe den Raum, den sie braucht, um sich zu entwickeln? Was tun Sie, um die Beziehung lebendig zu halten? Wie schafften Sie es, die erste Phase des Verliebtseins in etwas Dauerhaftes zu transformieren? Wie gelingt es Ihnen, Rollen und Verantwortungen so aufzuteilen, dass Geben und Nehmen stimmt? Wie gelingt es Ihnen, sich bei aller Verbundenheit weiterhin frei zu fühlen? Wie sorgen Sie immer wieder für Sehnsucht, Sex-Appeal und Abenteuer?

Irgendwann fing ich einfach an, mir und anderen solche Fragen zu stellen. Die Reaktionen sind unterschiedlich, aber das Thema scheint spannend zu sein. Wie schaffen wir es eigentlich, überwiegend zufrieden, manchmal glücklich, über viele Jahre zusammen zu leben? Die Frage liegt nah und überrascht doch. Klar, im Gehirn werden Glückshormone ausgeschüttet (sagen die Neurobiologen), aber wie machen zwei das eigentlich?

Sicher ist ein solches Fragen auch heikel. Fragen können peinliche Betretenheit oder eine Krise auslösen. Es kann deutlich werden, was fehlt, welche Wünsche offen sind oder dass eine Beziehung, momentan oder schon länger, weniger glücklich ist, als es den Anschein hat. »Ich dachte, meine Ehe sei gut, bis meine Frau mir sagte, wie sie sich fühlt« lautet der Titel eines Klassikers (Napir, 1991). Wer aber in der Liebe auf Entwicklung setzt, muss Fragen riskieren und dann mit den Überraschungen leben, die das Fragen zu Tage fördert. Es besteht immer das Risiko, dass eine Entwicklung stagniert. Bleibt es dabei, können selbst Beziehungen, die über viele Jahre glückliche waren, ein Ende finden. Niemand ist in der Liebe vor Schmerz sicher.

Und doch, es gibt sie, die anhaltenden, über Jahre und Krisen hinweg gelingenden, immer wieder beglückenden Beziehungen, die spannend bleiben. Sie sind kein Mythos und sie sind viel weniger eine Seltenheit, als wir gemeinhin annehmen. Die amerikanische Familienforscherin Judith Wallerstein (1996) hat in einer bemerkenswerten Studie 50 nach eigener Einschätzung glückliche Paare befragt und dabei Erstaunliches zu Tage gefördert. Und doch wissen wir über das Gelingen von Liebesbeziehungen immer noch viel zu wenig.

Scheues Glück

Was das Geheimnis unserer Liebe ist?
Sagen wir so: Ein Geheimnis
ist und bleibt ein Geheimnis.
Unseres werde ich jedenfalls nicht verraten!
Ykov Shapirshteyn, zit. nach Fleishman, 2014

Allerdings, das echte Glück ist scheu, es drängt sich nicht ins Rampenlicht. Meist ist es sich selbst genug. Eine glückliche Beziehung bedarf keiner zusätzlichen Inszenierung. Die Glücklichen berufen es nicht, sie spüren instinktiv, der Zauber könnte verfliegen, wenn das Glück allzu sehr »ausgestellt« wird.

Die glücklich Liebenden halten sich vielleicht auch deshalb zurück, um andere, die gerade nicht so glücklich sind, nicht zu beschämen. Manche fürchten den Neid, die Aggression, die das Glück auslösen kann. Überhaupt zögern sie, weil sie wissen, dass der Weg zum beständigen Glück keinesfalls nur mit Rosenblättern bestreut ist. Es könnte ein falscher, oberflächlicher Eindruck entstehen. Sie kennen die Schatten und Schrecken und trumpfen nicht auf. Man kann nicht dauern high sein, auch nicht zu zweit.

Wahrscheinlich sind viele Zufriedene einfach zu beschäftigt, denn das Glück, als Paar zu leben, braucht Zeit. Gemeinsam verbrachte Zeiten und Zeiten, in denen jeder sein eigenes Ding macht. Das Glück, als Paar zu leben, kommt ja vom gemeinsamen und vom getrennten Tun. Wenn beide etwas Eigenes machen und sich dann wieder treffen, kann es spannend bleiben.

Kurz: Es gibt viele gute Gründe, warum über das Glück, als Paar zu leben, nicht allzu häufig und offen gesprochen wird. Wer es dennoch tut, löst nicht selten ungläubiges Staunen aus, mitleidiges Lächeln oder offene Abwehr. Okay, beste Freundinnen freuen sich vielleicht mit einem, aber in der Regel hören die Leute nicht lange hin. Oder man riskiert, für eine Idiotin gehalten oder als Aufschneider abgestempelt zu werden. Wer dagegen über das Leiden an der Liebe klagt, begibt sich auf sicheres Terrain und ein Echo ist gewiss. Die Plots sind bekannt und jeder kann sofort von einem neuen Desaster berichten. So scheint das Glück in der Liebe auf eine merkwürdige Weise weit anstößiger zu sein als jeder Skandal.

Damit will ich nicht sagen, es gäbe kein Unglück in der Liebe, keine Enttäuschungen und keine Kränkungen. Was wäre die Liebe ohne Jammer? Das Glück ohne das Unglück? Ich möchte nur zu bedenken geben, dass die Wahrnehmung vielleicht etwas einseitig ist. Es wirkt so, als gäbe es einen Knick in der kollektiven Wahrnehmung, der die Aufmerksamkeit darauf lenkt, was schiefgeht. Zu wenig wird gesehen, wie oft Paarbeziehungen gelingen, und es wird zu wenig erforscht, wie Paare das hinkriegen. »Vor dem Unglück war Glück«, sagt Robert Gernhardt in seinem Gedicht »Rede vom Glück« (2001, S. 14). Ein nüchterner Blick auf die Zahlen bestätigt diese Einschätzung.

Freiheitsstreben und Bindungslust
in postmodernen Zeiten

Sich trennen oder zusammenbleiben? Wir können das heute ziemlich frei entscheiden. Noch in den 1950er Jahren drohte denjenigen, die sich trennen wollten, wirtschaftlicher Ruin, familiäre Ausgrenzung, gesellschaftlicher Abstieg und moralische Verdammung. Das hat sich in den westlichen Ländern dramatisch geändert.

In weiten Teilen Europas bescheren lange Friedenszeiten, Prosperität, liberalisierte Gesetze und mehr Gleichberechtigung den Menschen heute ungeahnte Möglichkeiten, Beziehungen frei zu gestalten. Frauen werden immer selbstbewusster und verdienen eigenes Geld. Ein neues Unterhaltsrecht erleichtert den Ausstieg aus der Ehe. Scheidungskinder brauchen in der Regel keine soziale Ausgrenzung mehr zu befürchten. Eltern und Freunde machen weniger Druck auf Partner, zusammenzubleiben. Auch im Beruf schadet eine Trennung kaum mehr.

Natürlich verläuft diese Entwicklung ungleichzeitig, nicht nur in den verschiedenen Regionen und Ländern, sondern auch in den unterschiedlichen Quartieren und Milieus der Städte. Verschiedene kulturelle Prägungen, weltanschaulichen Kontexte und sozioökonomische Gegebenheiten sorgen für enorme Unterschiede. Die Entwicklung ist auch keineswegs abgeschlossen oder unumkehrbar, sie verläuft, wie alle Entwicklungen, im Auf und Ab, Vor und Zurück, manchmal in seltsamen Schleifen, jedenfalls nicht gradlinig. Und doch lässt sich in einer historischen Betrachtung sagen, dass die Rahmenbedingungen für Liebesbeziehungen zu keiner Zeit günstiger waren.

Dabei zeichnet sich ein Trend ganz deutlich ab. Wenn die Freiheit wächst, nutzen die Menschen diese Freiheit. Für die Liebe ist das gut. Mit der Befreiung von den Zwängen des Zusammenbleibens werden die Paare experimentierfreudiger und prüfen länger, bevor sie sich fest binden. Nichteheliche Lebensgemeinschaften werden zunehmend gesellschaftsfähig. Gebunden in einer festen Beziehung werden die Menschen gleichzeitig kritischer und mutiger. Das verdanken wir vor allem den Frauen. Frauen fragen, was die Qualität der Beziehung angeht, häufiger kritisch nach, und konsequenterweise sind sie es auch, die häufiger eine Trennung initiieren.

Mehr Freiheit bedeutet also mehr Qualität in einer stabilen Beziehungen oder Trennung. Deutschland nimmt in der Statistik über Zusammenbleiben oder Trennen[2] in Europa in etwa einen mittleren Platz ein. Interessant ist dabei die langfristige Entwicklung der Zahlen.[3] Mit Beginn der Liberalisierung in den 1950er Jahren steigt die Scheidungsrate zunächst steil an, um sich nach etwa 40 Jahren in den 1990er Jahren auf hohem Niveau zu stabilisieren. Offenbar brauchte es zwei Generationen, um zu lernen, mit den neu gewonnenen Freiheiten umzugehen.

Der Genuss von mehr Freiheit ist ein mitunter anstrengender, manchmal schmerzlicher, aber enorm produktiver Lernprozess. Themen wie Gendergerechtigkeit, Geld, Sex, Arbeitsteilung und Beziehungsqualität müssen immer wieder neu verhandelt werden. Überhaupt treten *Aushandlungsprozesse* weit mehr als in früheren Zeiten in den Mittelpunkt. Anhaltender Streit ums Geld zeigt sich überall und in allen Untersuchungen als der Beziehungskiller Nummer 1 – noch vor sexuellen Schwierigkeiten, Differenzen über die Verteilung von Hausarbeit oder unterschiedlichen Vorstellungen über Zeiten für Zweisamkeit.

Nüchtern betrachtet zeigen die Zahlen dennoch einen erstaunlich stabilen Trend zur festen Beziehung. Etwa 60 % aller Deutschen leben in festen Beziehungen (mit oder ohne Trauschein). Die Zahl der Trennungen lag in den letzten 20 Jahren relativ stabil bei etwa 40 %. Die durchschnittliche Dauer von Ehen vor einer Scheidung hat sich im Zeitraum von 2000 bis 2010 von 11

---

2   Diese Statistik des Statistischen Bundesamts heißt bezeichnenderweise Scheidungsstatistik und nicht Zusammenbleibstatistik
3   Zahlenmaterial des Statistischen Bundesamtes, vgl. auch Seiffge-Krenke u. Schneider, 2012.

auf 14 Jahre erhöht. Zwei Drittel aller Kinder wachsen mit beiden Elternteilen auf. 60 % aller Paare leben mehr als 45 Jahre zusammen. Zwei von drei Ehen enden mit dem Tod eines Partners. Die Wahrscheinlichkeit des Zusammenbleibens[4] liegt demnach in etwa bei fünf zu drei, drei Fünftel der Paare bleiben zusammen.

Wie immer man diese Daten interpretieren mag, in jedem Fall lässt sich daraus schließen, dass mehr Freiheit, Toleranz und Gleichberechtigung eben nicht zur Auflösung aller Bindungen führt.[5] Eine satte Mehrheit bleibt zusammen und die, die sich trennen, suchen nach neuen festen Bindungen.[6]

Der Anstieg von Single-Haushalten und der Trend zur Vereinsamung in den modernen Gesellschaften hat wenig mit den Wünschen und Träumen der Menschen zu tun. Im Gegenteil. In einer Zeit beschleunigten Wandels, in der sich vieles aufzulösen scheint, zeigt sich die Paarorientierung (Seiffge-Krenke u. Schneider, 2012), also der Wunsch, in einer festen Partnerschaft zu leben, erstaunlich stabil.

Gestiegene Ansprüche und Herausforderungen

Gestiegen sind allerdings die Qualitätsansprüche. Wer heute als Paar nicht harmoniert, geht auseinander – sehr oft mit der Hoffnung, in einer anderen Partnerschaft glücklicher zu werden. Biografien mit mehreren langfristigen festen Partnerschaften im Verlauf eines Lebens finden sich immer häufiger.

Wer hätte das nach 1968 gedacht? Die Menschen, angeführt von den Frauen, streben, wenn der Freiraum da ist, eindeutig in eine Richtung: Sie wünschen sich dauerhafte Bindungen mit hoher emotionaler Qualität. Bindung in Freiheit. Bindung durch

---

4   Diese Angaben beziehen sich auf verheiratete Paare. Über nichteheliche Lebensgemeinschaften liegen keine genauen Zahlen vor.
5   Ob Wunsch oder Angst, das war eine Fantasie, die revolutionäre und konservative männliche Gesellschaftskritiker miteinander teilten.
6   Die Wahrscheinlichkeit, wieder zu heiraten, liegt bei Geschiedenen deutlich höher als bei Singles.

Freiheit. Stabilität mit hoher Qualität. In diesem Kontext vollzieht sich ein bemerkenswerter Wandel in der grundsätzlichen Bewertung und Einschätzung länger anhaltender Zweierbeziehungen: Leidenschaft (»amour passion«) und Bindung (Ehe) werden nicht länger als totale Gegensätze wahrgenommen. Die Frage ist dann nur, wie Sicherheitsbedürfnis und Abenteuerlust, Heimatgefühl und Reisefieber, Geborgenheitswunsch und Begehren zusammengehen können.

Natürlich führt ein solcher Wandel in der gesellschaftlichen Konstruktion und Bewertung von Intimbeziehungen auch zu neuen Widersprüchen und Problemen. Die Wünsche und Sehnsüchte der Menschen verlagern sich in der Postmoderne mehr und mehr in den privaten Binnenraum.[7] In diesem Reservat, immerhin, scheinen die Paare weitgehend frei in ihren Entscheidungen zu sein, aber eben auch herausgelöst aus Bezügen, die Orientierung geben. Vordergründig gibt es kaum mehr irgendwelche Vorgaben (durch Staat oder Eltern), untergründig aber lauert die Erwartung, dass nun, selbstbestimmt, auch alle Wünsche und Sehnsüchte zur Erfüllung gebracht werden sollen. Macht, was ihr wollt, aber werdet, verdammt noch mal, nachhaltig glücklich miteinander. Wer das nicht schafft, ist selbst verantwortlich. Kein Wunder, wenn die Akteure unter Druck geraten, die Paare werden auf sich selbst zurück geworfen und »die Stabilität muss jetzt aus rein persönlichen Ressourcen heraus ermöglicht werden, und dies zugleich im Sicheinlassen auf den anderen« (Luhmann, 1994, S. 198). Eine Anforderung, die nicht nur Niklas Luhmann Angst macht.

Die neue Situation kann jedoch auch als Glücksfall gewertet werden. Wenn es einfacher wird, sich zu trennen, wird es gleichzeitig attraktiver, zusammenzubleiben. Wenn der äußere Zwang wegfällt, öffnen sich im Binnenraum Gestaltungsspielräume.

Heute können Paare viel freier entscheiden, wie und unter welchen Bedingungen sie zusammenleben wollen. Das gilt auch

---

7   Philip E. Slater bezeichnet diesen Trend als »soziale Regression« (1963, zit. nach Luhmann, 1994, S. 198).

für gleichgeschlechtliche Partnerschaften. Gleichwertigkeit und Selbstbestimmung entwickeln sich Zug um Zug zu allgemein anerkannten Leitwerten. Das tut der Liebe und den Beziehungen gut. Die Bindungsfreude bleibt dabei offenbar ungebrochen. Alles, was heute Partnerschaft beschwert – die Heimsuchungen der Globalisierung: unsichere Jobs, Mobilität, doppelte Berufstätigkeit, verschiedene Orte, mediale Überflutung, Zukunftsangst und Leistungsdruck –, scheint andererseits den Wunsch nach Aufgehobenheit in einer festen Beziehung zu bestärken.

Dieser Trend wird durch eine neue Sichtweise unterstützt, die allmählich ins Bewusstsein vieler Menschen dringt, während das Denken vieler Fachleute immer noch um die Eltern-Kind-Beziehung kreist. Intime Beziehungen im Erwachsenenalter können heute (weit) intensiver und prägender sein als die Beziehung zu den eigenen Eltern. Nichts fordert und fördert die Entwicklung zweier Persönlichkeiten so sehr wie eine anhaltend konstruktive Liebesbeziehung. Es ist also auch mit Blick auf die eigene Persönlichkeitsentwicklung sinnvoll, sich um die Qualität der Paarbeziehung zu kümmern.

Auch wenn es nicht immer so lange dauert, so können Paare heute, auf Grund der höheren Lebenserwartung, gut und gerne 40 bis 70 Jahre zusammenleben. Eine historisch völlig neue Situation und eine Expedition in unbekanntes Gelände. Die wenigen Untersuchungen zur qualitativen Entwicklung in Langzeitbeziehungen (z. B. Berkic, 2006; Wallerstein u. Blakeslee, 1996) zeigen, dass die Praxis, mal wieder, der Theorie vorauseilt. Liebende sind erfinderisch. Und doch könnte ein differenziertes Modell für die Entwicklung von Paarbeziehungen dazu beitragen, noch besser zu verstehen, wie sich Beziehungen qualitativ entwickeln und entwickeln können, wenn es gut geht. Ein solches Modell ist gerade keine allgemeine Anleitung zum Glücklichsein. Es wird kein Ideal gezeichnet oder irgendein Geheimnis verraten, »wie man das Glück macht« (auf dass man es nachmachen könnte, was bekanntlich nicht funktioniert). Es ist nichts weiter als ein solides Prisma, mit dem man in jedem einzelnen Fall genauer beobachten und beschreiben kann, wie sich eine Beziehung qualitativ entwickelt hat und entwickelt und wie sie sich weiter entwickeln könnte. Immerhin kann ein solches Modell enorm hilfreich sein, wenn es darum geht, darüber nachzudenken, was zwei ganz konkret tun können, damit eine Beziehung lebendig und spannend bleibt.

Die Entwicklung einer Liebesbeziehung als gemeinsames Projekt

Freiheit ist eine Art, tätig zu sein.
Darin gleicht sie dem Glück und der Liebe.
Michael Sandel, 2013

Gemeinsame Sprünge, die stark und glücklich machen

Wenn zwei Partner die Entwicklung ihrer Beziehung in den Mittelpunkt der Partnerschaft rücken, dann hat das erhebliche Konsequenzen. Die Entwicklung der Beziehung wird zu einem gemeinsamen Projekt. Im Rahmen dieser Idee können Krisen als Herausforderung und Chance, Konflikte als Antrieb zu Lösungen verstanden werden.

Die Freude, als Person zu wachsen und seine Talente zu entfalten, ist für Menschen existenziell wichtig. Wenn nun beide Partner sich selbst *und* ihre Beziehung entwickeln wollen, kommt es unvermeidlich zu Konflikten. Wie viel Freiheit, Eigenraum und Distanz brauche ich, braucht der andere, wie viel Bezogenheit, Kooperation und Nähe brauchen wir? Wie gehen wir mit unterschiedlichen Einstellung, Haltungen, Herangehensweisen und Stilen um? Einerseits geht es um Kooperation, andererseits darum, dass beide den Raum bekommen, den sie brauchen, um ihre Eigenart zu entwickeln. All das muss immer wieder neu ausgehandelt werden.

In welchem Vorstellungsrahmen werden Konflikte ausgetragen, in welchem »Geist« werden sie gelöst und mit welchem

Ergebnis? Die Bedeutung dieser Fragen für die längerfristige Entwicklung von Beziehungen kann kaum überschätzt werden. Themen, Krisen und Konflikte kommen und gehen, die meisten werden vergessen, manche begleiten ein Paar beziehungslang. In dieser Hinsicht gleichen sich viele Partnerschaften. Was Beziehungen unterscheidet, das ist der gemeinschaftliche Geist, der im Umgang mit den Entwicklungsherausforderungen entsteht. Dieser gemeinschaftlich erzeugte und erlebte Geist drückt sich in einer *Grundstimmung* aus, und diese Grundstimmung bestimmt das weitere Beziehungsgeschehen. Natürlich schwankt und verändert sich die Stimmung in Beziehungen, manchmal sehr schnell von Situation zu Situation oder phasenweise über längere Zeiträume. Das ist nicht anders zu erwarten. Und doch entwickelt sich über die Zeit und durch sehr viele Begegnungen hindurch eine leitende Grundgestimmtheit, eine spezifische Systemstimmung, die ein Paar ausmacht und kennzeichnet (z. B.: tragend, brüchig, lähmend, belebend, hoffnungsvoll, niederdrückend, wertschätzend, verächtlich, liebenswürdig, unterstützend, gespannt-aggressiv, federnd).

Die Grundstimmung bestimmt die Gefühle in einer Partnerschaft in der Tiefe oft weit mehr als einzelne Interaktionen und Handlungen. Wenn es gut geht, wird die Partnerschaft als kooperativer Raum erlebt, in dem Konflikte gemeinsam gelöst und Krisen erfolgreich bestanden werden können. Ein Raum, in dem beide Partner wachsen und sich entfalten können. Dann wachsen nicht nur die einzelnen Personen, auch die Beziehung selbst wird reicher, sie vertieft, erweitert und entwickelt sich. Gemeinsame schöpferische Sprünge machen stark und fröhlich. Allmählich nimmt die Resilienz (Widerstandsfähigkeit) einer Beziehung zu, sie richtet sich auch unter stürmischen Belastungen, widrigen Umständen, Niederschlägen und Rückschlägen wieder auf. So entsteht eine Basis für neue Entwicklungsaufgaben, die garantiert kommen.

Gegenseitiger Respekt als Rahmen –
Engagement als Basis

Voraussetzung dafür ist allerdings, dass die Partner ihre eigene, persönliche Weiterentwicklung nicht nur sich selbst, sondern auch dem anderen und der Beziehung zuschreiben.[8] Wenn das geschieht, dann bringt der eine den anderen in eine wichtige und wertvolle Position. Zu spüren, dass ich den anderen bei seiner persönlichen Entwicklung unterstütze, ist ein ebenso wunderbares Gefühl wie jenes, in meiner Entwicklung vom anderen gefördert und gefordert zu werden. Der eine macht den anderen zum bedeutungsvollen Gegenüber und das schafft einen Rahmen aus gegenseitigem Respekt.

Ein solcher Prozess gegenseitiger kritischer Anerkennung und Wertschätzung kann auf Dauer nur gelingen, wenn beide Partner sich in dreifacher Hinsicht engagieren: für die eigene Entwicklung, für die Entwicklung des anderen und für die Entwicklung der Beziehung. Alle drei Entwicklungsprozesse sind eng miteinander verwoben und aufeinander bezogen, als Ganzes bilden sie ein empfindliches System, dessen Balance leicht störbar ist. Deshalb muss Geben und Nehmen immer wieder ausgeglichen werden.

Alles harmonisch? Keineswegs. In jedem Entwicklungsprozess tauchen Momente von Chaos oder Blockierungen auf. Das gilt selbstverständlich auch für die Entwicklung von Paarbeziehungen. Nicht immer gleicht der Prozess dem Surfen auf einer Welle. Manchmal gibt es wildes Gerangel oder quälendes Stocken. All die Mühen und Schwierigkeiten, Widrigkeiten und Schrecken, die das Liebesleben bereithält, tauchen auch in glücklichen Beziehungen immer wieder auf. Es wäre nicht nur lebensfern, sondern auch gefährlich, anzunehmen, ein Entwicklungsprozess von so hoher Komplexität könnte ohne erhebliche Turbulenzen und Störungen

---

8 Das ist offensichtlich nicht ganz einfach. Nicht selten rückt im Erleben, besonders in Konfliktsituationen, die einschränkende Seite des Partners in den Vordergrund.

verlaufen. Im günstigen Fall gibt es in Beziehungen immer wieder Spannungen, die aufgelöst werden. Erotik braucht Bewegung, Entgegensetzung, Spannung und Reibung – vollkommene Harmonie in eingefahrenen Wegen lässt sie eher einschlafen. Festgefahrene Konflikte oder verschleppte Entwicklungen können die Lust aber ebenso zum Stillstand bringen.

Hilfreich, wenn auch nicht immer einfach, ist es, sich in kritischen Situationen daran zu erinnern, dass die Beziehungsentwicklung einem Paar nicht einfach schicksalhaft widerfährt. Beide Partner sind, wie auch immer, beteiligt. Die Entwicklung einer Beziehung bleibt ein gemeinsames Entwicklungsprojekt, in guten wie in schlechten Zeiten, ob man zusammenbleibt oder sich trennt. Jeder muss seinen Teil der Verantwortung übernehmen.

Keine Chance ohne Risiko – kein Traum ohne Schranken

Eine Paarbeziehung ist Chance und Risiko zugleich. Es ist riskant, Konflikte zu vermeiden, weil damit Entwicklung blockiert wird. Aber auch das aktive Angehen von Konflikten birgt Risiken. Es kann sich herausstellen, dass ein Konflikt unüberwindlich ist, daran kann eine Beziehung zerbrechen. Selbst wenn die Entwicklung einer Beziehung gelingt, wird das Risiko keineswegs geringer. Die Bezogenheit wächst und damit die gegenseitige Abhängigkeit. Die Fallhöhe nimmt, im Falle eines Scheiterns, zu.

Neben Risiken bringt eine Beziehung auch Beschränkungen mit sich. Wer sich längerfristig auf eine Liebesbeziehung einlässt, muss akzeptieren, dass die eigene Entwicklung und die Entwicklung der Beziehung auch vom anderen abhängen. Die Entwicklung einer ebenbürtigen Paarbeziehung lässt sich nicht einseitig kontrollieren. Zudem ist der andere nicht nur wunderbar, sondern auch unperfekt und unvollständig, genau so wie man selbst seine Macken, Schwächen, Fehler und Grenzen hat. Beides wird offenbarer, je länger man zusammen lebt. Soweit gekommen, realisieren wir, dass der andere die eigene Entwicklung und die

Entwicklung der Beziehung nicht nur ermöglicht, sondern auch begrenzt – genauso, wie wir selbst die Entwicklung des anderen und die Entwicklung der Beziehung nicht nur ermöglichen, sondern auch begrenzen.

Mit jemand anderem könnten wir ein anderer sein, andere Seiten zeigen, andere Potenziale entwickeln, andere Träume leben. Aber auch der Partner, die Partnerin könnte mit jemand anderem ein anderer, eine andere sein, andere Seiten von sich zeigen, Potenziale entwickeln, Träume leben.

Nicht alle Träume und Wünsche können mit *einem* Partner verwirklicht werden. Das müssen zwei erst mal verarbeiten. Nicht selten reagieren Partner angesichts dieser Situation mit Veränderungsattacken, verbunden mit Schuldvorwürfen oder Selbstanklagen. Die Wut und die Intensität der Kämpfe, die sich aus solchen Attacken entwickeln können, erklärt sich, wenn man berücksichtigt, dass es weniger um die Veränderung des Partners, sondern um die Realisierung eigener Lebensträume und Lebensentwürfe geht (Willi, 1991, S. 36).

Wenn zwei sich entscheiden, ihre Beziehung bewusst als gemeinsames Entwicklungsprojekt zu gestalten, dann gleicht das einer langen Reise ins Ungewisse. Die Liebe bleibt unverfügbar. Morgen flattert sie davon. Zwei können sich engagieren, aber nichts kann erzwungen werden. Mit der Zeit stellt sich vielleicht etwas ein, das trägt und federt. Das stabil erscheint und doch labil bleibt. Etwas, für das gelegentlich hart gearbeitet werden muss, von dem sich aber keineswegs behaupten ließe, es wäre verdient. Das Glück, als Paar zu leben, bleibt bei allem, was wir tun, ein Geschenk.

Teil B:
Wie Paarbeziehungen sich entfalten können – ein Modell für die Entwicklung von Liebesbeziehungen

Fünf Dimensionen der Liebe

*Aus der Ordnung heraus gibt es eine
große Freiheit für das Abenteuer.*
Cesar Louis Menotti, 2013

Wie können sich Paarbeziehungen entwickeln und entfalten? Das Entwicklungsmodell für intime Beziehungen im Erwachsenenalter, das ich hier vorschlage, berücksichtigt die persönliche Entwicklung beider Partner in einer Beziehung, rückt aber die Entwicklung des Paarsystems und damit die qualitative Entwicklung von Paarbeziehungen in den Mittelpunkt. Einem Grundriss Lyman Carroll Wynnes (1985) folgend definiert das Konzept fünf Entwicklungsbereiche, die ich in den nächsten Kapiteln genauer vorstelle. Im Kapitel »Entwicklungsperspektiven« gehe ich auf wesentliche Aspekte des Wandels näher ein, also auf das Nacheinander, die Übergänge und Wechselspiele, die seltsamen Schleifen, Kapriolen und Sprünge, die für alle Entwicklungsprozesse charakteristisch sind. Vorher scheint mir eine Modellskizze nützlich, um den Überblick zu erleichtern.

Das Ganze und seine Teile

In einer Paarbeziehung entwickeln sich beide Partner und die Beziehung selbst. Alle drei Entwicklungsprozesse sind eng aufeinander bezogen. Als System bilden sie ein Ganzes (Abbildung 1).

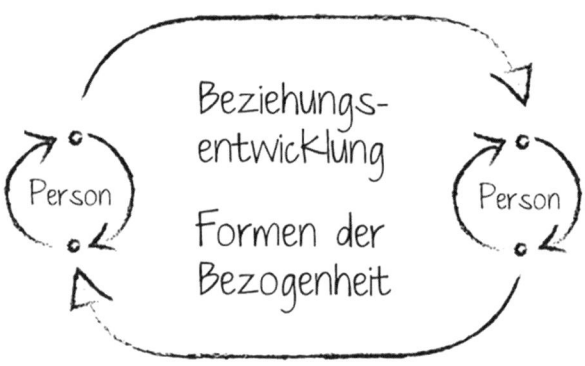

Abbildung 1: Drei gleichzeitige Entwicklungsprozesse

Die Paarbeziehung als Entwicklungsraum

Wenn die Sehnsüchte zweier Menschen sich mischen, können die seltsamsten, schrecklichsten und wunderbarsten Dinge geschehen. Und wenn es gut geht? Wie können wir uns die Entwicklung einer Liebesbeziehung vorstellen? Dazu ist es hilfreich, an den Anfang zu gehen. Nehmen wir an, zu Beginn einer Liebesbeziehung ereignet sich eine Art kleiner Urknall (wir sagen, zwei sind ineinander *verknallt*, das passt schon ganz gut). Eine Fusion der besonderen Art. Das kann sehr plötzlich oder ganz allmählich geschehen. Zwei Personen treffen aufeinander, und wenn es, früher oder später, klick macht, zwei Sehnsüchte sich treffen, zwei Ahnungen sich koppeln, entsteht ein völlig neuer Raum. Ein kleines Universum voller Möglichkeiten öffnet sich.

Das Besondere an diesem *Möglichkeitsraum:* Er wird durch die Aktivitäten und Fantasien der beiden Liebenden gemeinsam aufgespannt, begrenzt und entfaltet. Anfangs ist der Möglichkeitsraum noch wenig definiert. Mit der Zeit kann er sich entfalten und anfüllen, aber es bleibt offen, ob und wie das geschieht. Und doch sind alle Möglichkeiten, die diesen speziellen Raum ausmachen, von Beginn da und bleiben zugänglich.

Stellen wir uns nun den entstandenen Raum als einen Entwicklungsraum vor. In diesem Entwicklungsraum können Partner in fünf unterschiedlichen Formen aufeinander bezogen sein.

Fünf Formen des Bezogenseins

In Paarbeziehungen können fünf verschiedene Formen des Bezogenseins (Transaktionsmuster) beobachtet werden: *sinnliches, sprachliches, generatives, psychologisches* und *intimes* Bezogensein. Diese Formen des Bezogenseins gehen auseinander hervor, bauen aufeinander auf, sind miteinander verwoben und beeinflussen sich gegenseitig auf komplexe Art und Weise (Abbildung 2).

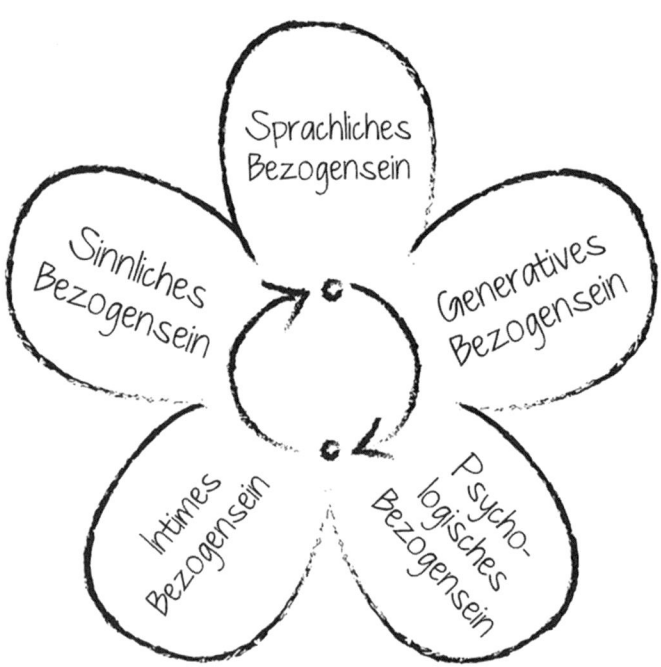

Abbildung 2: Fünf Formen des Bezogenseins

Fünf Entwicklungsbereiche

Die fünf unterschiedlichen Formen des Bezogenseins können als Entwicklungsbereiche angesehen werden, in denen sich Paarbeziehungen entfalten können. Diese Entwicklungsbereiche nenne ich: *Verliebtsein, Miteinander Sprechen, Gemeinsames Tun, Gegenseitigkeit aushandeln* und *Intimität teilen.* Die fünf Entwicklungsbereiche sind miteinander verwoben und bilden ein zusammenhängendes Ganzes (Abbildung 3).

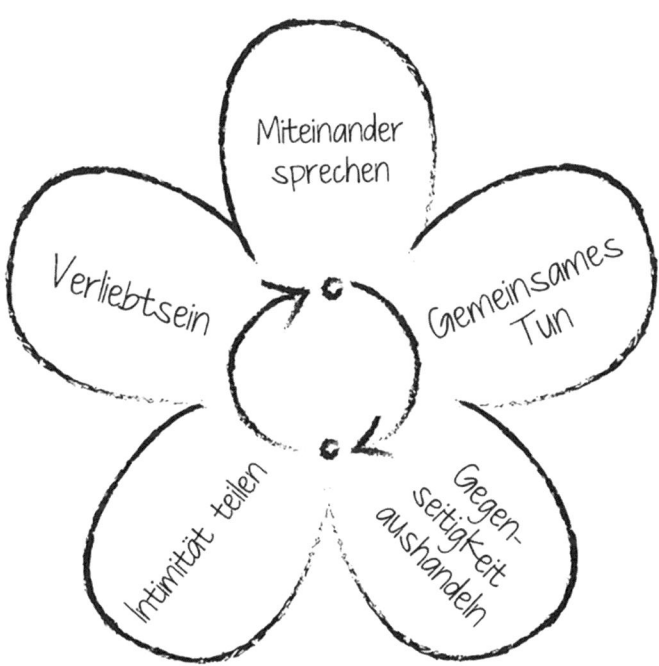

Abbildung 3: Fünf Entwicklungsbereiche

Jeder Entwicklungsbereich entwickelt seine ganz eigene Dynamik mit jeweils spezifischen Themen, Herausforderungen und Entwicklungsaufgaben. Alle Entwicklungsbereiche sind und bleiben für Entwicklung offen, solange eine Beziehung dauert.

Entwicklungsbereiche und Entwicklungsaufgaben

Jede Einteilung hat ihre Schwächen und zerlegt darüber hinaus mehr oder weniger willkürlich in Einzelteile, was eigentlich zusammengehört. Im praktischen Zusammenleben berühren, überschneiden und durchdringen sich die verschiedenen Formen des Bezogenseins selbstverständlich auf vielfältige Art und Weise. Und doch, erst wenn wir die Komplexität ordnen, entsteht ein Überblick, der es erlaubt, die wesentlichen Zusammenhänge und Möglichkeiten zu entdecken.

Ich stelle hier die einzelnen Entwicklungsbereiche nacheinander vor, beschreibe die jeweilige Form des Bezogenseins und nenne gemeinsame Entwicklungsaufgaben, um zu verdeutlichen, was in jedem Bereich getan werden kann, um eine Beziehung qualitativ weiterzuentwickeln.

Bei der Fülle der Aufgaben, die dabei in der Summe zusammenkommen, gebe ich zu bedenken, dass die genannten Aufgaben im wahren Leben nicht alle gleichzeitig auftreten. Mal tritt die eine Aufgabe mehr in den Vordergrund, mal eine andere. Wie bei allen Dingen kommt es auch bei der Entwicklung von Liebesbeziehung auf das rechte Maß an. Am besten man geht die ganze Sache gelassen an.

Jedes Paar wird unterschiedliche Schwerpunkte setzen (bei den Entwicklungsbereichen und innerhalb der Bereiche) – auch daraus entsteht ja die ungeheure Vielfalt von Möglichkeiten, als Paar zu leben. Die glücklichen Paare, die Judith Wallerstein befragte, hatten ausnahmslos das Gefühl, dass der Partner und die Beziehung etwas Besonderes sei. Gleichzeitig betrachteten sie ihre Beziehung als »ein nie vollendetes Kunstwerk« (Wallerstein u. Blakeslee, 1996, S. 319).

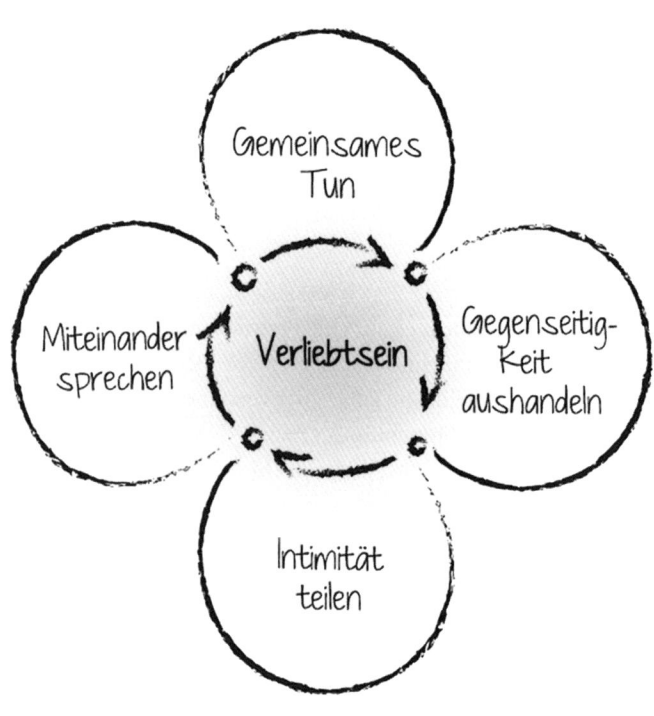

Abbildung 4: Die erste Entwicklungsdimension – Verliebtsein

Verliebtsein

Sinnliches Bezogensein:
Die belebende Welt der Erotik

Ich bin außer dir gar nicht hier.
Wir sind Helden, 2003

Zur Verliebtheit braucht es nur eine Person. Jemand kann in einen anderen verliebt sein, ohne dass der andere auch nur etwas davon ahnt. Das Verliebtsein, wie ich es hier verstehe, nämlich als sinnliches Bezogensein, braucht immer zwei, die verliebt sind.

Und doch beginnt das Verliebtsein mit dem individuellen Sehnen, und das beginnt meist schon lange, bevor sich zwei treffen. Jürg Willi (1991) hat das schön beschrieben. Menschen sehnen sich nach Zärtlichkeit und Resonanz, sie möchten gehalten und getragen, entdeckt und verstanden, verwöhnt und bestätigt werden, *wie sie gerade sind.* Als Säuglinge brauchen wir genau dieses emotionale und körperlich Bezogensein, um uns zu entwickeln (Stern, 1991, 1993). Das möchten wir später auch gerne erleben, wobei mit der Entwicklung einer eigenen Identität und dem Erwachen einer erwachsenen Sexualität in der Pubertät das Begehren hinzukommt. Jetzt suchen wir nach jemandem, bei dem wir uns aufgehoben und geborgen fühlen, dem wir uns aber auch sexuell und sinnlich ganz hingeben können. Das ist ein ganz anderes Gegenüber als ein Elternteil. Und eine ganz andere Art des Bezogenseins, auch wenn es an die frühen Erfahrungen anknüpft. Bewusst oder unbewusst sehnen wir uns nach einem Partner, der uns im innersten Kern berührt, mit dem wir verschmelzen können und der uns, vielleicht, vollständig macht.

Die ganze Situation des Verliebtseins besteht also, und das ist wesentlich, aus *zwei* Momenten sehr unterschiedlicher Art, die sich ergänzen und gegenseitig bedingen: aus den Momenten des Getrenntseins, in dem beide sich nach dem anderen sehnen, und aus den Momenten des Zusammenseins, in denen sich die Sehnsüchte erfüllen.

Wenn zwei Sehnsüchte sich treffen, kann es bum machen. Das Bum kann unterschiedlich ausfallen, blitzartig und krachend oder allmählich und leise. In jedem Fall kommt es vorübergehend zu einer Art Kernfusion, zwei treten in die Situation des Verliebtseins ein.

In den Momenten des Zusammenseins möchten zwei dann gar nicht mehr voneinander lassen, dauernd fassen sie sich an, tauschen Zärtlichkeiten aus, sind einfach nur gemeinsam da, ohne irgend etwas anderes zu tun, halten, tragen, umschlingen sich, vergessen die Zeit, tauchen in eine Blase – und ineinander – ein. Die Welt bleibt draußen. »Splendid isolation«: *Nur bei dir bin ich bei mir, nur bei mir bist du bei dir.*

Zwei müssen diese Momente des Zusammenseins jedoch immer wieder auflösen, wenn das Verliebtsein anhalten soll. Denn nur aus dem Abstand nehmen, der Getrenntheit entsteht das Sehnen, das ja für das Verliebtsein ebenso notwendig ist wie die Erfüllung. Gerade im Getrenntsein denken die Verliebten daran, wie es dem anderen wohl gerade geht, was er, was sie macht, wie es wäre, jetzt zusammen zu sein. Süßer Schmerz der Unvollständigkeit, der das Sehnen neu entfacht.

Wenn aber zwei sich nur immer ganz umschlungen halten und fest umklammern, wird das sinnliche Begehren schnell verschwinden und damit geht die ganze Erotik, die ja viel mehr ist als Sex, ziemlich bald zum Teufel. Darin liegt offensichtlich das Paradox des Verliebtseins, dass die sinnliche Bezogenheit nur durch den nötigen Abstand (wieder) hergestellt werden kann. Die Choreografie des Verliebtseins gleicht einem Tanz, in dem sich

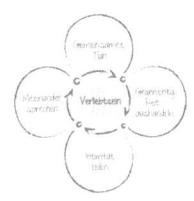

die Partner immer wieder voneinander abwenden und einander zuwenden, sich lösen und zusammenkommen.

Im Verliebtsein, sagen die Neurobiologen, befinden sich zwei gemeinsam auf Droge, gemeinsam im Rausch. Denn tatsächlich fluten die Körper sich selbst in der Situation des Verliebtseins mit selbst gemachten Endorphinen. Und bestimmte Areale in den Gehirnen – die mit Lust, Motivation und Kreativität in Verbindung gebracht werden – fangen an wie wild zu funken:[1] Schmetterlinge im Bauch. Die gute Nachricht für Langzeitpaare gleich jetzt: Das funktioniert bei Paaren, die romantisch verliebt bleiben, auch nach vielen Jahren noch ziemlich gut (Acevedo, Aron, Fisher u. Brown, 2011; Aron, Fisher, Mashek, Strong, Li, Brown, 2005; Wallerstein u. Blakeslee, 1996). Mit einer interessanten Erweiterung: »Ein Unterschied der Langzeitverliebten zu den frisch Verliebten besteht auch darin, dass bei Letzteren jene Regionen, die starke Bindungsgefühle anzeigen und die stimuliert werden, wenn man sich wertgeschätzt fühlt und den Eindruck hat, etwas zurückzubekommen, noch nicht so aktiv sind« (Bartens, 2013, S. 188). Die wilden ersten Monate, so intensiv sie sein können, sind ja doch noch von Unsicherheiten über den Ausgang der Liaison durchzogen. Der Angstanteil an der *Angstlust,* die den Kick ausmacht, ist entsprechend hoch. Wenn eine Beziehung sich glücklich weiterentwickelt, pendelt sich die heftige Verwirrtheit und blinde Leidenschaft offenbar auf einem Level ein, mit dem sich auch der übrige Alltag noch gut meistern lässt. Die Erfahrung einer bleibenden Leidenschaft füreinander führt zu mehr Sicherheit und weniger Obsession, mehr Gelassenheit und mehr Freiheitsgraden für Dinge, die vielleicht auch noch wichtig sind.

Jedenfalls öffnet die Situation des Verliebtseins immer wieder alle Sinne, macht fröhlich, verzaubert, belebt und hält vital (und

---

1 Der Film dazu: http://www.arte.tv/guide/de/040347-002/das-automatische-gehirn-2-2

das »hoch zwei«). Ungeahnte oder vergessene Energien werden frei, und zwar sowohl in den Momenten des Zusammenseins als auch in den Momenten des Getrenntseins. Künstler sprechen vom Kuss der Musen. In guten Beziehungen werden beide zur Muse des anderen. Es muss nicht immer Kunst, es kann auch mal Windeln wechseln sein.

In glücklichen Beziehungen bleibt das Verliebtsein eine Quelle der Freude und Inspiration. Als Teil des täglichen Lebens oder in der Erinnerung aufscheinend hilft das Verliebtsein über so manche Klippe und Enttäuschung hinweg und entschärft Auseinandersetzungen, die in jeder Beziehung vorkommen. Verliebtsein hilft beim Versöhnen und »nimmt Schicksalsschlägen in der Gegenwart die Wucht« (Wallerstein u. Blakeslee, 1996, S. 316). Vor allem aber liefert das Verliebtsein die nötige Energie, die Paare brauchen, um sich eine eigene Welt aufzubauen und diese immer wieder neu zu gestalten. Denn das Leben schreitet voran, die Partner verändern sich, die Umstände und Umgebungen verändern sich, Unvorhergesehenes passiert. Und das bedeutet, dass die Welt der Beziehung, soll sie überlebensfähig bleiben und ihre Existenzberechtigung behalten, immer wieder gemeinsam umgemodelt, umorganisiert und umgebaut werden muss. In den Zyklen der Zeit und im Wandel der Welt erfinden Paare, wenn es gut geht, ihre Beziehung immer wieder neu. Und dabei hilft das Verliebtsein ungemein.

Gemeinsame Entwicklungsaufgaben

Raus aus dem Dilemma – zusammen die Grenzen romantischer Vorstellungen überschreiten

Wir neigen dazu, das, was wir Liebe nennen, auf die Windungen und Wendungen des Verliebtseins zu reduzieren. Doch Verliebte wünschen sich nun einmal nichts sehnlicher, als die Momente der Glückseligkeit auf ewig festzuhalten. Um solche Momente höchsten Glücks dreht sich ja beim Verliebtsein alles. Momente, in denen zwei Menschen zum Zentrum eines Universums ver-

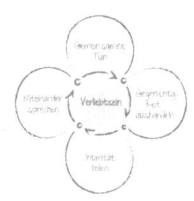

schmelzen, in dem Zeit und Raum, Zweck und Ziel jede Bedeutung verlieren. Wer die Sehnsucht danach nicht kennt, hat von der Liebe keine Ahnung.

Das Fatale: Die Sehnsucht will das Verliebtsein unbedingt *genau so* festhalten, wie es ist, während die Erfahrung zeigt, dass das unmöglich ist. So großartig die Illusion absolut ewiger Verliebtheit ist, so kläglich bricht sie im Zustand der Nüchternheit in sich zusammen. Verliebte versuchen, diesen Moment möglichst lange hinauszuzögern. Gemeinsam auf Droge halten sie die Illusion mit aller Kraft fest und bringen tatsächlich für eine Weile die Zeit zum Stillstand. Shakespeare bringt es auf den Punkt, wenn Romeo und Julia im Moment der Erfüllung aller Träume gemeinsam in den Tod gehen. Verliebtsein und Sterben: Wer im Bannkreis dieser romantischen Vorstellung gefangen bleibt, der bekommt, setzen Zeit und Realität wieder ein, ein Problem. Denn die romantische Idee von der Liebe verkürzt die Liebe auf einen rauschhaften Gefühlszustand. Der Rausch soll, darf niemals enden. Eine Wandlung des Verliebtseins ist in der romantischen Vorstellungswelt nicht vorgesehen. Das führt mitten hinein in das romantische Dilemma, das letztlich nur eine Wahl kennt: den Tod der Leidenschaft *oder* eine neue Romanze. Wir sollten nicht unterschätzen, wie tief die patriarchale Zivilisation in dieser Vorstellungswelt wurzelt. Als gäbe es auf dem Gebiet der Liebe nur ein *Entweder-oder:* Leidenschaft oder Langeweile, Begehren oder Geborgenheit, Abenteuer oder Vernunft (Ehefrau oder Konkubine, Ehemann oder Geliebter).

Es hilft nichts, wer länger glücklich zusammenleben möchte, muss raus aus diesem Dilemma. Es klingt vielleicht paradox, aber Paare, die dauerhaft zusammenbleiben möchten, *ohne* auf romantische Gefühle zu verzichten, müssen die engen Grenzen der romantischen Entweder-oder-Logik überschreiten. Nur so können sie den Rahmen der üblichen Entgegensetzungen verlassen und in eine andere Welt eintreten, eine Welt der *Wandlungslogik,* in der Verliebtsein nicht einfach irgendwann zwangsläufig aufhört, sondern sich wandeln kann.

Ganz praktisch bleibt kein anderer Weg, als sich aus dem Zustand des Verliebtseins zu lösen. Das erfordert Mut. Wir könnten sagen: Jetzt durchleben zwei den *kleinen Tod des Verliebtseins.*[2] Im Gegensatz zum »großen Tod« von Romeo und Julia bleibt den Liebenden bei dieser Variante immerhin die Chance, dass sich die Magie beim Erwachen wieder einstellt. Nur ob das tatsächlich passiert, kann eben keiner mit Gewissheit vorhersagen. Es bleibt ein Risiko, sich die Sache mit Abstand, nüchtern und bei Tag anzusehen. Andererseits: Ob der Zauber nur eine vorübergehende Illusion war oder, in eben dieser Beziehung, eine vielleicht bleibende Magie, können wir nur feststellen, wenn wir für eine Weile aus dem Verliebtsein heraustreten, Abstand nehmen und – dableiben. Das erfordert noch mehr Mut. Es braucht viele kleine Tode, Abstand nehmen *und* Dableiben, um sicherer darin zu werden, dass die Magie, vielleicht, bleibt.

Eine Entscheidung treffen

Andere Lebensentwürfe, Lebensstile sind möglich und bleiben attraktiv. Dableiben und sich engagieren, das müssen schon beide Partner wollen. Viele Männer und Frauen, die länger in einer glücklichen Beziehung leben, berichten davon, dass sie irgendwann innerlich eine solche Entscheidung getroffen haben – *ja, mit ihr, mit ihm möchte ich zusammenleben* – und dass sie intuitiv spürten, dass auch der andere eine solche Entscheidung innerlich getroffen hat. Darüber muss nicht unbedingt, jedenfalls nicht sofort, gesprochen werden, denn es geht dabei weniger um den bekannten dramatischen Schwur, sondern um etwas anderes, Stilles, Leises, etwas, das sich in einer anderen Dimension ereignet.

Nennen wir es eine stillschweigende gegenseitige Übereinstimmung, in der wirklichen Wirklichkeit verlässlich füreinander da zu sein. Das verleiht einer Beziehung zwar keine Garantie, aber

---

2   Der Übergang vom Wachen zum Schlafen kann als »kleiner Tod« bezeichnet werden. Analog dazu wähle ich hier den Ausdruck »kleiner Tod des Verliebtseins« für den Moment des Sichlösens.

eine gewisse Sicherheit, eine Basis, die jede Entwicklung unbedingt braucht. Eine solche Basis kann selbstverständlich immer ins Wanken geraten. In echten Krisen braucht es dann vielleicht erneut Entscheidungen. Aber in glücklichen Beziehungen, und darin besteht wahrscheinlich ein Unterschied zu weniger glücklichen oder unglücklichen Beziehungen, *spüren beide Partner,* dass der andere sich grundlegend für den anderen und die Beziehung entschieden hat, und dass diese Entscheidung nicht durch jede Auseinandersetzung, so heftig sie sein mag, erneut in Frage gestellt wird.

Gemeinsam enttäuschungsfähiger werden

Das Heraustreten aus der romantischen Logik macht es erforderlich, zu lernen, gemeinsamen mit Enttäuschungen umzugehen. Da ist zunächst die Enttäuschung, die der Verlust ersten Verliebtseins mit sich bringt. Paare können nicht auf ewig frisch verliebt sein. Das ist nicht nur nicht möglich, sondern wäre auf Dauer auch viel zu anstrengend. Paare, wenn sie länger als Liebespaar zusammenleben möchten, müssen auf den Kick frischen, total wilden Verliebtseins wohl verzichten.

Im alltäglichen Zusammenleben wird zudem in der Regel recht schnell deutlich, dass sich zu verlieben einfach, verliebt zu bleiben dagegen gar nicht so einfach ist. Und es wird, vielleicht mit etwas Verzögerung, deutlich, dass auch die tollste Beziehung Wünsche offen lässt.

Die Aufgabe, die sich daraus ableitet, besteht darin, gemeinsam enttäuschungsfähig zu werden. Damit ist sowohl die Fähigkeit gemeint, vom anderen enttäuscht zu werden, als auch die Fähigkeit, den anderen zu enttäuschen. Entscheidend ist die Fähigkeit, die Enttäuschungen, die das Leben zu zweit unvermeidlich mit sich bringt, gemeinsam zu bearbeiten. Denn nur auf einer realitätsnahen Grundlage lässt sich das Verliebtsein tatsächlich erhalten und transformieren.

Auf sich und den anderen achten und attraktiv bleiben

I like the way you walk,
I like the way you …
Dale Hawkins, Susie Q, 1957

Zum Verliebtsein gehört, dass zwei sich mögen und körperlich anziehen. Gerne riechen (Grammer, Fink u. Neave, 2005), schmecken, hören, sehen, tasten. Ja, auch Geist, Geld oder Macht können sexy sein. Aber auf Dauer? Erotik hat nun mal, wie der Begriff ja sagt, etwas mit Sinnlichkeit zu tun. Körperlichkeit. Wie lässt sich die Spannung, das Knistern, die Attraktion wach halten? Es klingt banal und man wagt es kaum zu sagen, aber Liebespartner sind gut beraten, wenn sie sich gegenseitig mit Takt behandeln und auf ihre Erscheinung achten.

Das sagt sich so leicht, aber nach einer gewissen Zeit, wenn Paare sich in Sicherheit und Routine wiegen, wenn der äußere Stresspegel hoch ist, wenn Kinder, Beruf oder andere Projekte in den Vordergrund rücken, dann kann es sein, dass einer oder beide zusammen sich gehen lassen. Ein bisschen *abhängen* darf schon sein. Aber auf Dauer ist das gefährlich. Dann sollte man sich nicht wundern. Manche schrecken erst hoch, wenn der Seitensprung vor der Tür steht (dann aber raus aus der Jogginghose und hin zum Friseur). Warum nicht schon vorher einfach mal so tun, als würde man sich gerade kennenlernen?

Etwas Abstand nehmen, um den anderen wohlwollend zu betrachten. Sich etwas Zeit nehmen, um sich an der Erscheinung des anderen zu erfreuen. Leute, die verliebt bleiben, berichten, dass sie dem Partner immer wieder gerne dabei zuschauen, wenn der etwas tut, was er oder sie gut kann und mit Begeisterung tut (Perel, 2013).

Sich am anderen erfreuen, den Glanz in den Augen des anderen spüren, wenn ich etwas tue: Dafür braucht man etwas Zeit und zwei, die aufmerksam sind und bleiben. Körperlich, geistig und seelisch für einander attraktiv zu bleiben und sich Zeiten und

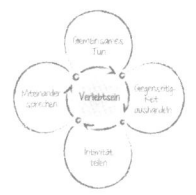

Orte dafür einzurichten, diese Attraktion erleben zu können, das bleibt eine ständige Entwicklungsaufgabe für Paare.

Mit Untreue in Fantasie und Realität umgehen

Im Gegensatz zur erotischen Anziehung sind Sexualität und Verliebtsein nicht notwendig konstitutiv füreinander. Zwei Verliebte können beschließen (oder gezwungen sein), eine Zeit lang (oder niemals) Sex miteinander zu haben. Unter bestimmten Umständen würden wir aber nicht zögern, die beiden ein Liebespaar zu nennen. Genauso können Leute tollen Sex haben, ohne eine Spur verliebt zu sein.

Diese Unterscheidung wird wichtig, wenn es um Untreue in Fantasie oder Realität geht. Ein angemessener Umgang damit spielt in guten Beziehungen eine wichtige Rolle. Sexuelle Fantasien durchziehen das ganze Leben, auch das Leben Erwachsener, die in festen Beziehungen leben. Entgegen einem weit verbreiteten Vorurteil wollen *beide* Geschlechter Sex, und Frauen scheuen sich heute nicht mehr, das zu sagen.

Fast alle Befragten der Studie von Wallerstein »hatten sexuelle Phantasien und Gedanken über die Untreue« und »sie hatten sich auch mit ihren Partnern darüber unterhalten« (Wallerstein u. Blakeslee, 1996, S. 251). »Es gab niemanden, der behauptet hätte, niemals in Versuchung geraten zu sein, aber viele gaben dieser Versuchung nicht nach, weil sie den Partner nicht verletzen« (S. 258) und die Beziehung schützen wollten.

Frauen und Männer, die glücklich in festen Beziehungen leben, sind besonders attraktiv für andere, und sie bleiben empfänglich für sexuelle Reize außerhalb der Beziehung. Sie nutzen und entwickeln aber offenbar die Fähigkeit, die Dinge in der Fantasie auszuleben und es dabei zu belassen. Intuitiv wissen sie, dass es dem anderen auch so geht, und akzeptieren, dass jede Beziehung auch Wünsche offen lässt. Wenn das Vertrauen wächst und die Situation günstig ist, reden sie sogar darüber, und das belebt in der Regel das Liebesleben und vertieft die Beziehung.

In der Untersuchung von Wallerstein und Blakeslee hatten 16 % der Frauen und 20 % der Männer kurze Affären. Die meisten blieben geheim und hatten wenig Auswirkung auf die Beziehung. »»Und – wie wars?‹, fragte ich. ›Wunderbar‹, antwortete sie. ›Hatten Sie hinterher Schuldgefühle?‹ ›Nein, überhaupt nicht.‹ Sie lachte. ›Wie war Ihre Ehe zu der Zeit?‹ ›Gut. Aber es war Vollmond, und mein Mann war mehr als siebentausend Kilometer weg‹« (Wallerstein u. Blakeslee, 1996, S. 253).

In den seltenen Fällen, in denen ein Partner ertappt wurde, litten alle Beteiligten sehr, es kam zu einer Krise, und es brauchte einige Zeit, ein bis zwei Jahre, bis die Beziehung sich wieder erholt hatte: »Obwohl die Befragten gesagt hatten, sie könnten einen Seitensprung verkraften, waren sie doch schockiert und deprimiert, wenn sie damit konfrontiert wurden« (S. 252).

Beim Verzeihen und beim Wiedereinrenken einer Liebesbeziehung spielt offenbar (neben den ganzen Umständen) die Unterscheidung zwischen einer sexuellen Affäre und dem Verliebtsein eine wichtige Rolle: »Es würde ganz schöne Probleme geben, aber die Ehe ginge nicht kaputt›, sagte mir eine Frau. ›Ich würde meine Ehe nicht wegen eines solchen Zwischenfalls wegwerfen. Anders sähe es aus, wenn er sich nichts mehr aus mir macht‹« (Wallerstein u. Blakeslee, 1996, S. 252).

Liebespaare, die lange zusammenbleiben, entwickeln mit der Zeit eine starke emotionale Basis. Wenn diese jedoch ernsthaft erschüttert oder verletzt wird, dann ist es in der Regel mit der Beziehung vorbei.

Zwischen Zärtlichkeit und Begehren einen eigenen Weg finden

Zwischen Bindung und Begehren wird traditionell gerne ein antagonistischer Widerspruch konstruiert. Volksmund, Wissenschaftler und Romanciers tendieren zu der Überzeugung, dass beides zusammen auf Dauer nicht wirklich gut geht. Das Begehren gehört in die Abteilung Abenteuer, die Ehe in die Abteilung eingeschlafene Leidenschaft. Das lässt sich anscheinend auch immer wieder empirisch gut belegen. Die Frage ist nur, ob man da die Eier findet, die man vorher gelegt hat.

Was bedenkenswert ist: Die Prozesslogik des Begehrens und die Prozesslogik der Bindung unterscheiden sich auf den ersten Blick tatsächlich erheblich. So jedenfalls argumentiert der Sexualwissenschaftler Ulrich Clement (2011). Da ist was dran. Bindung braucht Zuverlässigkeit, Vorhersehbarkeit, Geborgenheit und Sicherheit, um zu wachsen. Sexuelles Begehren dagegen entzündet sich am Reiz des Unbekannten, Unsicheren, Riskanten, vielleicht Verbotenen. Die Logik dauerhafter Bindung und die Logik sexuellen Begehrens scheinen sich also auf den ersten Blick gegenseitig auszuschließen.

Da nun aber einmal alle Logiken menschlich konstruiert sind, gibt es offenbar eine ganze Menge Langzeitpaare, die sich der Logik des Volksmunds, der Experten und Romanciers nicht anschließen und einer anderen Logik folgen. Sie nennen das vielleicht nicht Logik, sondern Wunder, Glück oder Magie, aber sie berichten von einem erfüllten Liebesleben bis ins hohe Alter (Wallerstein u. Blakeslee, 1996). Irgendwie passt soviel Irrationalität zur Liebe.

Dabei können Wissenschaftler, Neurobiologen und Bioanthropologen, heute nachweisen, dass das Wunder nicht nur eingebildet ist, sondern im körperlichen Sinne echt (Acevedo et al., 2011; Aron et al., 2005; Fisher, 2005, 2008). Sexuelles Begehren und Lust (Aktivität in bestimmten Hirnarealen, Ausschüttung von Östrogen und Testosteron im Hypothalamus) bleiben, wenn es gut geht, auch in Langzeitbeziehungen erhalten. Sie sind nur nicht mehr so dominant. Hinzu kommen die Glücksgefühle der Verliebtheit (Aktivität in bestimmten Hirnarealen, Ausschüttung von Dopamin, Noradrenalin und Serotonin) und später das Wohlgefühl entspannter Zufriedenheit (Aktivität in bestimmten Hirnarealen, Ausschüttung von Endorphinen – Oxytocin – im Hypothalamus und in der Hypophyse). Man kann es auch so sagen: Die neurobiologischen Muster werden mit der Zeit komplexer, der Hormoncocktail reicher und feiner abgestimmt.

Wenn man annimmt, dass auch das Begehren sich transformieren kann, zwingt einen keine Logik mehr, Begehren als etwas anzusehen, das nach einer bestimmten Phase einfach aufhört, weil es sich mit Geborgenheit nicht verträgt.

Solche Paare registrieren mehr oder weniger gelassen das allmähliche Nachlassen des wilden und obsessiven Begehrens und lenken ihre Aufmerksamkeit auf die neuen Möglichkeiten, die sich für ihr erotisches Leben durch Glücksgefühle und entspannte Zufriedenheit ergeben. Judith Wallerstein formuliert die Aufgabe so: »eine interessante sexuelle Beziehung aufbauen und erhalten, sie vor den Belastungen durch berufliche und familiäre Verpflichtungen schützen« (Wallerstein u. Blakeslee, 1996, S. 26).

Eine eigene erotische Kultur entwickeln

Wahrscheinlich können sich die meisten Menschen darauf einigen, dass Verliebtsein *mit* gutem Sex besonders schön ist. Viele Fachleute vertreten daher die Meinung, dass zu einer glücklichen Beziehung ein erfüllendes Sexualleben gehört. Ich selbst schließe mich dem an, halte das aber für eine persönliche Ansicht, der Liebespaare nicht folgen müssen. Ich betone das, weil mir die Vorstellung gefällt, dass die Liberalität in Bezug auf Sexualität sich auch darauf beziehen sollte, ob, wann und wie oft Paare Sex miteinander haben wollen. Es spricht einiges dafür, die Ansicht darüber, welche Rolle Sexualität und Zärtlichkeit zu verschiedenen Zeiten im Zusammenleben eines Paares spielen sollen, exklusiv jedem Paar selbst zu überlassen. Darin liegt die wahre sexuelle Befreiung. Jeder Druck turnt in dieser Sache doch eher ab.

Die gemeinsame Entwicklungsaufgabe, die sich Paaren in Bezug auf Erotik, Sexualität und Zärtlichkeit stellt, besteht nach all dem darin, sich über ihre Wünsche, Fantasien und Vorlieben behutsam auszutauschen, zu experimentieren und gemeinsam einen praktikablen Weg zu finden, der zu beiden Partnern, zur Lebensphase und zur Situation passt. Immer wieder wird es dabei um kleine Gesten der Aufmerksamkeit und Zärtlichkeit gehen,

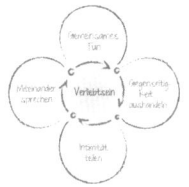

und darum, Ausnahmesituationen herzustellen und sich gegenseitig zu überraschen.

Gegenseitige Liebenswürdigkeit entwickeln

Im Verliebtsein blühen Glaube, Liebe, Hoffnung, Freude, Mut und Kreativität. Kräfte werden frei, verschüttete und ganz neue Talente zeigen sich und alles geht leicht von der Hand. Eine solche Euphorie färbt natürlich auch die Bilder, die Verliebte sich gegenseitig voneinander machen. Verliebte setzen sich gegenseitig in ein gutes Licht und bringen dadurch im anderen und bei sich selbst das Beste zum Vorschein. Das fühlt sich innen wunderbar an und leuchtet nach außen. Dabei sehen Verliebte den anderen meist so, wie sie sich ihn wünschen, und spiegeln sich in diesem Wunschbild so, wie sie selbst gern sein möchten. Wenn zwei das gleichzeitig tun, sich positiv ineinander spiegeln, kann das eine enorme Wirkung entfalten.

Ja, es ist ein Fest des Narzissmus und Psychoanalytiker haben ganz recht, natürlich handelt es sich um Projektionen. Die Wahrnehmung färbt schön und täuscht. Wenn das auf Dauer so bleibt, fühlt sich der Partner nicht *wirklich* erkannt und nicht *vollständig* gesehen. Darin liegt die Gefahr unrealistischer Trugbilder. Davor muss man warnen. Langfristig geht so etwas nicht gut.

Und doch ist es nicht klug, das Phänomen als eine Art Krankheit zu deuten, die geheilt werden müsste. Sicher, mit der Zeit, wenn Paare sich besser kennen lernen, werden auch die anderen Seiten deutlicher, und wenn es gut geht, nehmen die Partner die ärgsten Idealisierungen zurück und werden auch in der Eigenwahrnehmung realistischer (▸ Gegenseitigkeit aushandeln).

Gleichzeitig sollten Paare jedoch alles tun, um das positive Spiegelphänomen als Quelle zu erhalten. Aus dieser Quelle sprudeln nämlich der Takt und die gegenseitige Liebenswürdigkeit, die den jeweils anderen in ein gutes Licht stellt und das Schöne im anderen zum Blühen bringt. Wenn Partner länger zusammenleben, dann wissen sie ziemlich gut, was ihnen am anderen nicht gefällt, was schwer zu akzeptieren ist, was fehlt und was nervt. Die Liebenswürdigkeit, die aus dem Verliebtsein kommt, behandelt das aber mit Nachsicht und Humor! Angie Terranova aus Staten Island sagt es so: »Wir stehen nicht vorm Spiegel und sagen: Da, schau mal, eine Falte. Und ein paar Tage später: Guck, die Falte ist ein Stück tiefer geworden. Solche Dinge passieren einfach, ohne dass man sie mitbekommt. Mein Mann wird bald 84 – trotzdem kommt mir nie der Gedanke, dass ich mit einem alten Menschen zusammen bin. Ich hoffe, es geht ihm genauso« (Fleishman, 2014, zit. nach SZ-Magazin vom 7. März 2014, S. 27).

Natürlich ist das nicht realistisch und als junger Mensch und Therapeut denkt man, die spinnen. Aber eine solche Verrücktheit fühlt sich innen einfach gut an und ist nach außen hin angenehm spürbar. Die gemeinsame Aufgabe besteht darin, die Quelle der positiven Projektionen offen zu halten und die gegenseitige Liebenswürdigkeit gegen alle inneren und äußeren Anfechtungen wach zu halten. Wer das Glück hatte, Paare zu erleben, die schon lange zusammenleben und doch oder vielleicht gerade deshalb diese gegenseitige Liebenswürdigkeit im Umgang miteinander *pflegen,* der weiß, wovon hier die Rede ist. Diese Paare haben einiges durchgemacht und es ist klar, ohne dass darüber gesprochen werden müsste, dass jeder die Macken des anderen kennt und mitbekommt. Die gegenseitige Liebenswürdigkeit zeigt sich jedoch in vielen Gesten, und in diesen Gesten bleibt das ursprüngliche Verliebtsein lebendig.

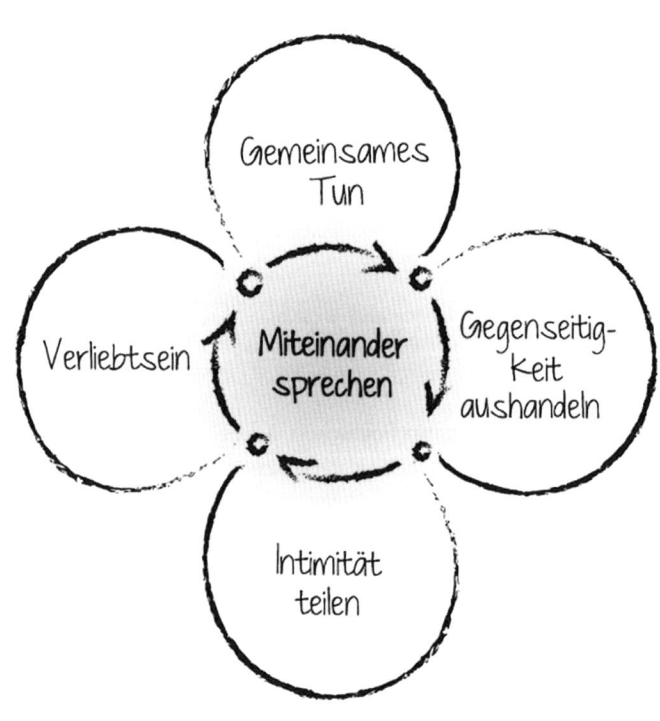

Abbildung 5: Die zweite Entwicklungsdimension – miteinander sprechen

Miteinander sprechen

Sprachliches Bezogensein:
Die Welt der kommunikativen Abstimmung

We exist in languaging.
Humberto Maturana und Francisco Varela, 1987

*In keiner Sprache kann man sich so
schwer verständigen wie in der Sprache.*
Karl Kraus, 1975

Ein gutes Gespräch kann beglücken, anregen, aufregen, euphorisch stimmen oder nachdenklich machen. Ein gutes Gespräch kann tiefe Zufriedenheit auslösen und Genugtuung hinterlassen. Menschen berühren, ergänzen, begrenzen und inspirieren einander im Gespräch. Miteinander zu sprechen, das ist wie das gemeinsame Knüpfen eines Gewebes, das zwei Welten miteinander verbindet. Ein gutes Gespräch berührt die Herzen und öffnet Fenster. Einige verlieben sich auf den ersten Blick, andere im Gespräch.

Zwei, die miteinander sprechen – die Sache scheint nicht ganz so einfach zu sein, wie es zunächst den Anschein hat. Was geht da vor? Was macht das Miteinandersprechen so vielschichtig und wichtig, gelegentlich aber auch vertrackt?

Tanzen, Liebe machen oder miteinander kochen sind auch kommunikative Akte. Und Blumen oder eine Geste können bekanntlich mehr sagen als viele Worte. Partner kommunizieren miteinander also auch dadurch, was sie tun, was sie nicht tun und wie sie etwas tun. Gegenseitige Achtung und Wertschätzung können sich in einer Partnerschaft auf Dauer nur entwickeln, wenn Taten und Worte weitgehend übereinstimmen. So wichtig Worte sind, Wahrhaftigkeit, die Grundlage für gegenseitiges Vertrauen, beweist sich letztlich durch Taten. Authentizität und Integrität sind für dauerhaft angelegte Liebesbeziehungen daher elementar wichtig (sprich, wie du handelst, und handle, wie du sprichst).

Und natürlich kommunizieren Paare nicht nur durch Taten und mit Worten, sondern auch nonverbal. Stimme, Mimik, Gestik und Körperhaltung begleiten und rahmen die Worte, die ausgetauscht werden. Sie bilden eine zweite Ebene, einen Subtext. Der ist manchmal wichtiger als die Worte. Und zum Akt des Miteinandersprechens gehören immer zwei Subtexte: *wie* etwas gesagt wird und *wie* zugehört wird (Loriot hat das in einigen Sketchen wunderbar illustriert). Damit nicht genug, was und wie etwas gesagt wurde und wie zugehört wurde – davon gibt es immer zwei Versionen (eine entsteht im Ohr der Zuhörerin, eine im Auge des Betrachters). Menschliche Kommunikation kann so wunderbar und manchmal so kompliziert sein.

Im Miteinandersprechen geht es weniger um die Diskussion von Dingen, die sich wie Werkzeuge oder Eisenbahnen handhaben lassen (damit können Männer in der Regel ganz gut umgehen), sondern eher um das Aushandeln und Gestalten einer Beziehung (womit sich Frauen in der Regel etwas besser auskennen). Beim Miteinandersprechen geht es um die Abstimmung und Koordination von Wahrnehmungen, Gefühlen, Gedanken, Wünschen, Plänen und Aufgaben, aber auch darum, in der zentralen Beziehung des Lebens eine echte Resonanz zu spüren, ein existenzielles Echo zu finden und in einem psychologischen Sinne *beantwortet* zu werden (vgl. Willi, 2002).

Das *Wie* dieses komplexen verbalen und nonverbalen Abstimmungsprozesses bestimmt ganz wesentlich die Atmosphäre einer Beziehung. Wie Paare miteinander sprechen, so fühlen sie sich. Paare *existieren* im Sprechen, sie *erfinden und erschaffen* sich selbst, den anderen und die Beziehung im Miteinandersprechen.

Immer wieder neu oder eben nicht. Das Miteinandersprechen liefert nicht nur den Treibstoff für die Entwicklung einer Paarbeziehung, es bildet auch eine Art Gehäuse für die Entwicklung von Liebe.

Gemeinsame Entwicklungsaufgaben

Jedes Paar entwickelt mit der Zeit einen eigenen Stil, eine besondere Art und Weise, miteinander zu sprechen oder nicht zu sprechen und zu schweigen, spezielle Muster der Kommunikation, die verbinden oder weniger verbinden. Dabei entsteht ein besonderer Sprachraum mit einem ganz eigenen Klang. Die Aufgabe besteht darin, eine Gesprächskultur zu entwickeln, in der sich beide Partner wohlfühlen können, einen ganz eigenen Sound, in dem die Beziehung sich entwickeln und die Liebe gedeihen kann.

Einen Rahmen aus gegenseitigem Respekt bauen

Partner können aus mehr oder weniger unterschiedlichen sprachlichen Gefilden, Kulturen und Milieus kommen. Die Ursprungssprache, die Sprache, in der Menschen sich zu Hause fühlen, bleibt ein Leben lang bedeutungsvoll. In der einen Familie wurde vielleicht viel und oberflächlich gesprochen, in der anderen eher wenig und tiefgründig, in der einen wurde gestritten wie bei den Kesselflickern, in der anderen alles harmonisiert. Auch die Peersprache, die sich mit den Generationen verändert, spielt eine wichtige Rolle. Frauen werden sprachlich anders sozialisiert als Männer und ganz unabhängig davon gibt es unterschiedliche persönliche Sprachstile und Sprechtypen. Auch die Fähigkeit zum Sprechen kann unterschiedlich entwickelt und das Bedürfnis zum Gespräch unterschiedlich ausgeprägt sein.

In einer Beziehung treffen also zwei ganz eigene Kommunikationsbedarfe, sprachliche Gewohnheiten, zwei Stimmen, zwei Stile aufeinander. Alle Paare, mit denen ich sprach, und alle Paare, die Judith Wallerstein (1996) in ihrer Studie befragte, betonten, wie wichtig es für eine gute Beziehung ist, einen Rahmen aus gegenseitigem Respekt (Bleckwedel, 2008, S. 127) aufzubauen und zu erhalten. Dieser gegenseitige Respekt beginnt mit dem Verstehen und Annehmen unterschiedlicher Sprechweisen. Auf dieser Basis können sich Paare ihr eigenes sprachliches Zuhause bauen.

Zeiten zum Miteinandersprechen einplanen und freihalten

Keine Zeit zu zweit? Dann hat die Beziehung schon verloren. Wenn zwei ihre Beziehung als wichtiges Projekt ansehen, werden sie, trotz aller widrigen Umstände, Zeit finden und einplanen, um regelmäßig und ausreichend miteinander zu sprechen. Und das nicht erst im Konfliktfall. Es geht vielmehr darum, im Gespräch eine solide Basis aus gemeinsam geteilten Vorstellungen aufzubauen und eine starke Gesprächskultur zu entwickeln (die sich nebenbei im Konfliktfall als sehr nützlich erweist).

Metakommunikation entwickeln

Der Charme frischen Verliebtseins besteht Anfangs vielleicht auch darin, unbeschwert in der Schwebe zu lassen, wie es genau weitergeht. Zwei sind gut drauf und man muss nicht alles gleich zerreden (diese Fähigkeit zur Leichtlebigkeit sollten zwei vielleicht kultivieren, wenn sie zusammenbleiben wollen). Und trotzdem lässt es sich irgendwann nicht umgehen, zu besprechen, wie es weitergehen soll. An einem solchen Verzweigungspunkt werden die Partner sich nun wahrscheinlich darüber austauschen, wie es ihnen in der Beziehung geht und wie es weitergehen könnte (Sind wir ein Paar? Wollen wir es versuchen?). Das ist die Geburtsstunde der Metakommunikation, ohne die eine Beziehung sich schwerlich weiterentwickeln kann. Es können vier Aspekte der Meta-Kommunikation unterschieden werden:

Über die Beziehung sprechen: Hier werden Bilder ausgetauscht: Wie sehen beide im Moment die Beziehung? Welche Wünsche, Befürchtungen und Fantasien gibt es für die Zukunft? Stimmt die Wirklichkeit mit den Lebensentwürfen überein? (Kinder oder keine? Wo wollen wir leben? Getrennt oder zusammen? Welche Form von Beziehung, welche Rollenverteilung passt zu uns? Welche Werte verbinden uns?)

Über Gefühle sprechen: Hier findet ein Austausch über das Erleben statt. Wie fühle ich mich mit dir? Wie fühle ich mich in und mit der Beziehung? Wenn ich mir vorstelle, die Beziehung selbst zu sein, wie geht es mir dann?

Sprechen über Sprechen: Wie reden wir miteinander? Reden wir überhaupt? Zu viel, zu wenig? Worüber? Worüber nicht? Wie fühlt es sich an, wenn wir miteinander sprechen? Wie wollen wir miteinander sprechen? Wie fühlt es sich an, wenn wir gut im Gespräch sind, und wie machen wir das? Stimmt die Rahmung, passen die Worte und Subtexte, sind Beteiligung und Timing angemessen? Können wir auch mal schweigen und wie genießen wir das?

Psychologische Hintergründe besprechen: Es gibt Zeitpunkte in der Entwicklung von Paarbeziehungen, da sind Gespräche über psychologische Themen notwendig und sinnvoll (▸ Gegenseitigkeit aushandeln).

Gesprächsarten unterscheiden und sich passend zur Situation einrichten

Im praktischen Zusammenleben gehen verschiedene Gesprächsarten, Inhalte und Sprachstile ineinander über und mischen sich. Diese Unordnung hält lebendig. Gelegentlich erweist es sich jedoch als hilfreich, Unterschiede zu machen, indem man bestimmte Gesprächsarten zeitlich (Pausen), örtlich (Ortswechsel) und durch Regeln voneinander abgrenzt. Durch die Wahl von Zeit, Ort und speziellen Regeln nutzen Paare die Möglichkeit, sich für bestimmte Gespräche passend einzurichten (»das besprechen wir beim Fahrradfahren«). Einige typische »Gesprächsformate« sind:

Alltägliches Sprechen: Pragmatische Rede darf auch mal knapp, klar, energisch und direkt ausfallen (»der Müll muss runter«, »die Windel ist voll«, »den Sportteil bitte«). Aufmunternde Blicke, höfliche Gesten, ein Lächeln dürfen die Rede begleiten, wenn einem danach ist. Zwischendurch ein Schwätzchen übers Wetter, Kochrezepte oder was auch immer kann nicht schaden.

Zärtliches Geflüster: Speziell arrangiert, am besten aber spontan und zwischendurch, poetisches Sprechen über die äußeren oder inneren Vorzüge des Gegenübers (kein Wort über Politik, Kindererziehung oder sonstige Nebensächlichkeiten).

Erzählen: Was gerade erlebt wurde oder im Kopf herumspukt, will manchmal mitgeteilt werden. Dazu sollte man sich etwas Zeit nehmen, es sich gemütlich machen, am Tisch oder auf dem Sofa, oder eine Runde um den Block gehen. Es geht darum, einfach gut zuhören.

Entlastungsgespräch: Manchmal möchte einer einfach mal den täglichen Mist und Sorgenmüll, die schwarzen Gedanken oder den großen Weltschmerz loswerden. Das sollte möglich sein, bedarf aber einer bewussten Rahmung und besonderen Rollenaufteilung, sonst kann die Sache leicht schief gehen. Denn Partner, die es gut meinen, neigen dazu, aus einem Entlastungsgespräch ein Beratungsgespräch zu machen. Hilfreiche Ratschläge oder kluge Anmerkungen sind aber in dieser Situation vollkommen deplatziert. Wichtigste Regel für den entlastenden Gesprächspartner: keine Ratschläge, aber auch den Müll nicht selbst schlucken (so funktioniert menschliche Entsorgung nicht). Das Gift muss im Jammer abfließen und dabei hilft die Haltung eines guten Kumpels, der sich *neben* einem positioniert. Jemand, der einem das Gefühl gibt, nicht der Einzige zu sein, der glaubt, dass es auf dieser Welt verdammt viele Gründe zur bitteren Klage gibt.

Trösten: Kleine Missgeschicke kommen vor und manchmal auch ganz schlimme. Einfach da sein, im Zweifelsfall die Klappe halten. Tränen fließen lassen, in den Arm nehmen, Nacken kraulen, summen. Etwas vorschlagen, was man jetzt gemeinsam tun könnte.

Thematische Reflexionen: Ein gedanklicher Austausch über Themen, die den einen oder die andere bewegen (englische Gärten zur Zeit Shakespeares, Hip-Hop in Brooklyn, die südchinesische Küche in der Ming-Zeit, der Weltfrieden). Einfache Regel: Interesse zeigen, wenn vorhanden, wenn nicht, deutlich ausklinken (»besprich die Schubert-Lieder bitte mit jemand anderem«). Bei Themen, die dem anderen am Herzen liegen und für die man sich ebenfalls erwärmen kann, darf aber durchaus etwas Begeisterung gezeigt werden.

Klärendes Gespräch: Kleine Irritationen oder größere Fragen können immer auftauchen. Nicht aufschieben. Zeit ausmachen. Geeigneten Ort wählen. Keine Umschweife. Nachfragen, Missverständnisse ausräumen. Die Klarheit erst mal wirken lassen.

Streiten: Im Streit fechten zwei etwas emotional aus. Heftige Gefühle. Um was ging es noch gleich? Das gerät in den Hintergrund, sonst wäre es kein Streit. Immerhin zeigt Streiten, dass die Beziehung lebt. Gute Beziehungen unterscheiden sich aber von weniger guten Beziehungen dadurch, dass sich die Streitenden nicht dauerhaft ineinander verbeißen und bestimmte Grenzen eher selten überschritten werden. Die vier apokalyptischen Reiter (Beschämen, Demütigen, Dämonisieren und Psychologisieren), werden, falls sie doch einmal aufmarschieren, als Gefahr rechtzeitig erkannt, gestoppt und des Feldes verwiesen.

Konflikte bearbeiten und Lösungen erfinden: Lebendige Auseinandersetzung bringen Partnerschaften voran. Am besten ist es, die Partner begrüßen und behandeln ernsthaftere Konflikte als wichtige Gäste: Sie bereiten sich entsprechend vor, wählen einen geeigneten Ort und Zeitpunkt und versichern sich gegenseitig in dem Vertrauen, dass man mit dem Gast schon klar kommen wird (selbst wenn der Krawall machen sollte). Zu Beginn wird geklärt, welche Wünsche sich mit dem Treffen verbinden und welche Ziele verfolgt werden sollen. Zeitlimits, Pausen und spezielle Regeln können hilfreich sein. Nützliche Dialogregeln sind:[3] Sprich von Herzen und fasse dich kurz. Nimm die Rolle eines Lernenden ein. Pendele zwischen Erkunden und Plädieren. Nimm das Gegenüber im Anderssein an. Zweifle aktiv an dir selbst. Sei bereit, dich im Dialog verändern zu lassen. Sorge für Pausen. Erkläre die eigenen Hintergründe.

Konfliktlösungsgespräche müssen, wie in der Diplomatie, nicht immer mit fertigen Lösungen enden. Es können Lösungsfantasien ausgetauscht und es kann über Lösungsrichtungen oder Lösungsarten gesprochen werden, um Möglichkeiten auszuloten und das *Nach*denken anzuregen. Nicht das Ergebnis, sondern der Versuch, zu einer Lösung zu kommen, zählt.

Kommunikative Grenzen installieren und wahren

Wenn zwei zusammenkommen und ein Paar bilden, bringen sie irgendwann auch ihre Familien und Freundeskreise ein. Zwei Kommunikationsnetzwerke werden miteinander verknüpft und in der Mitte bildet sich eine neue Einheit. Eine vollkommen neue Konstellation entsteht. Die Aufgabe für das Paar: Es müssen neue Grenzen im kommunikativen Austausch mit den Umfeldern festgelegt und entwickelt werden. Was soll, was kann mit wem besprochen werden? Was nicht?

Für Paare, die ihre Beziehung entwickeln wollen, hat sich bewährt, wichtige Dinge nun zunächst im neu entstandenen engeren Kreis, also als Paar, zu besprechen, bevor die Sache in die Öffentlichkeit geht und mit dem Umfeld abgestimmt wird.

---

3   Sie sind auch bei Hartkemeyer und Hartkemeyer (1998) sowie Bleckwedel (2008) nachzulesen.

Andererseits bleiben Vertrauenspersonen außerhalb der Beziehung, mit denen in bestimmten Situationen über Beziehungsdinge gesprochen werden kann, wichtig.

Die neuen Grenzen sollten höflich und flexibel, aber bestimmt gesteckt werden (»Meine Mutter hat mich gefragt, wann wir zusammenziehen wollen …« – »Ja.« – »Ich habe ihr gesagt, diese Frage steht im Moment nicht an, und falls überhaupt, würden wir das dann zuerst miteinander besprechen.« – »Gut.« – »Sie war etwas erstaunt.« – »Und dann?« – »Haben wir uns in den Arm genommen und gelacht.«).

Das Stecken und Wahren von Grenzen bleibt wichtig, besonders in Situationen, in denen die Paarentwicklung in eine kritische, sensible Phase eintritt (»Krista hat gefragt, wie es uns geht.« – »Was hast du geantwortet?« – »Ich habe ihr gesagt: Nicht gut.« – »Und weiter?« – »Sie hat natürlich nachgefragt und ich habe geantwortet, wir seien dabei, das miteinander zu klären, und hätten verabredet, in der Zeit nur miteinander darüber zu sprechen.« – »Da war sie sicher beleidigt.« – »Klar, sie ist meine beste Freundin. Aber dann hat sie gesagt, das muss eine gute Freundschaft aushalten, und wir haben uns über etwas anderes unterhalten.«).

Ähnliches kann für Kinder gelten.

Teamgeist zeigen

Kleine Kabbeleien und Frotzeleien dürfen schon mal sein. Aber sonst hat sich für Paare, die gut miteinander klar kommen wollen, eine einfache Regel besonders bewährt: keine Anschuldigungen, Klagen oder Attacken im Beisein von Dritten. Das gilt besonders, wenn wir mit anderen Paaren oder Leuten zusammensitzen, die irgendwie zum Zwist animieren. Dann kommt es darauf an, sich nicht durch die üblichen Reflexe mitreißen zu lassen. Der Teamgeist von Paaren hat eine Außen- und eine Innenseite, beide stehen in einem engen Wechselverhältnis zueinander. Teams, die Konflikte im Binnenraum gut lösen können, können nach Außen Stärke demonstrieren aber auch Schwächen zeigen. Teamgeist bedeutet nicht, sich nach Außen abzuschotten und heile Welt zu heucheln. Wo es passt, können persönliche Themen oder Paar-problematiken verhandelt werden, aber eben nicht so, dass die Gelegenheit, willentlich oder unwillentlich, genutzt wird, sich gegenseitig eins auszuwischen. Denn vor Publikum zählt jeder Treffer doppelt.

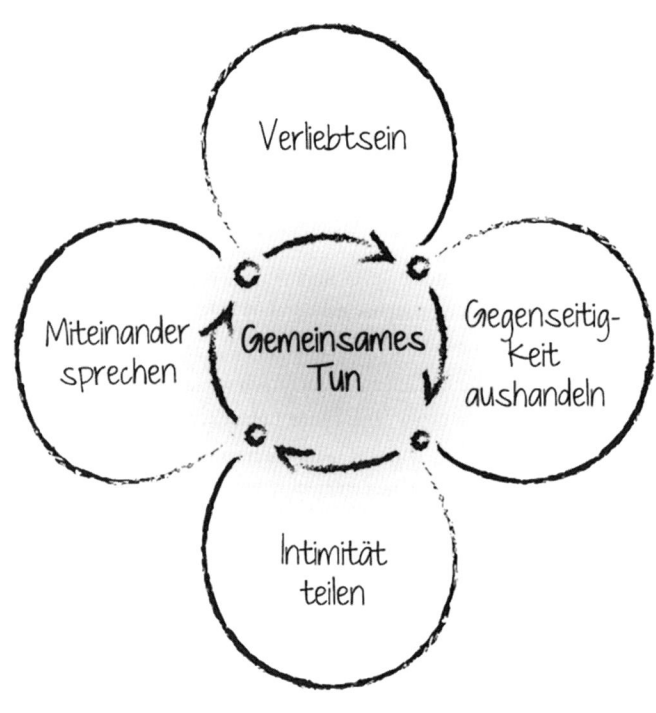

Abbildung 6: Die dritte Entwicklungsdimension – gemeinsames Tun

Gemeinsames Tun

Generatives Bezogensein:
Die Welt der kreativen Kooperation

Teamwork macht Träume wahr.

Verliebtsein, miteinander sprechen – und dann? Natürlich tun zwei auch etwas zusammen, wenn sie sich lieben und miteinander sprechen. Manchmal soll es aber auch etwas mehr werden. Nehmen wir an, zwei beschließen zusammen zu leben. Jetzt werden sie anfangen, gemeinsam eine neue Lebenswelt zu planen und zu gestalten. Leben wir separat oder ziehen wir zusammen? Wie richten wir uns ein (ein gemeinsames Bett oder zwei)? Wie leben und arbeiten wir im Alltag zusammen? Eine neue Form des Bezogenseins taucht auf: kreative Kooperation. Eine Kooperation, bei der es darum geht, bei der Gestaltung der gemeinsamen Lebenswelt zusammenzuarbeiten, aber auch darum, ganz praktisch etwas gemeinsam zu tun. Das können einfache und zeitlich begrenzte gemeinsame Tätigkeiten sein – einen Salat zubereiten, ein Bild aufhängen – oder etwas umfassendere Aufgaben – einen Garten gemeinsam anlegen und pflegen, Kinder gemeinsam großziehen.

Offenbar kommen hier andere Talente ins Spiel als beim Verliebtsein oder Miteinandersprechen. Teamarbeit ist gefordert. In diesem Zusammenhang wird auch deutlich, dass nicht jedes Paar in allen Bereichen perfekt sein kann und muss. Ein Paar, das im Verliebtsein gut ist, muss nicht unbedingt ein gutes Team sein, wenn es darum geht, eine Wohnung einzurichten, um die Welt zu segeln oder Kinder zu erziehen. Wenn es gut geht, macht gemeinsames Tun Freude und verbindet – manchmal tiefer und nachhaltiger, als Schmusen oder Worte allein dies könnten. Gemeinsam kochen, reisen, musizieren, spielen, eine Wohnung einrichten, tanzen, Windeln wechseln, Sport machen, ein Geschäft aufbauen, beten, einen Hof bewirtschaften, unterrichten, putzen, ein wissenschaftliches Projekt bearbeiten, Kinder großziehen, ein Kunstprojekt verwirklichen, sich sozial engagieren – es gibt viele Möglichkeiten, gemeinsam etwas zu tun.

Einige dieser gemeinsamen Tätigkeiten oder Unternehmungen dienen eher dem Vergnügen oder der Erbauung, andere bringen etwas Nützliches und Sinnvolles hervor. Sie sind schöpferisch oder generativ. Generativ nannte der deutsch-amerikanische Psychoanalytiker Erik H. Erikson[4] (1966) ein Tun, das über sich selbst hinausweist, indem es der Gemeinschaft oder zukünftigen Generationen dient. Und was könnten Paare Schöneres tun, als gemeinsam etwas hervorzubringen oder zu gestalten, das über die Beziehung hinausweist und die Liebe weiterträgt? Im Großen wie im Kleinen. In jedem Fall sind es die Momente, in denen Paare gemeinsam schöpferisch sind, die beglücken und voranbringen.

Gemeinsame Entwicklungsaufgaben

It's so much friendlier with two.
Alan Alexander Milnes, 2009

Lebenswelten gemeinsam gestalten und dynamisch verändern

Heute, in der globalisierten Welt, kommt es vor, dass zwei, die ein Paar bilden, mal zusammen an einem Ort leben und arbeiten, mal an verschiedenen Orten. Das kann am Anfang einer Beziehung sein, zwischendurch oder am Ende. Wo und wie wollen und

---

4   Die siebente Stufe seines berühmten Stufenmodells der Identitätsentwicklung nennt Erikson Generativität.

können wir zusammen leben? Schon diese Frage ist
in der modernen Welt nicht ganz einfach zu beantworten. Es gibt freundschaftliche Bindungen, familiäre
Verpflichtungen, Arbeitsverträge, Karrierepläne, Vorlieben,
ein Budget und so viele Möglichkeiten.

Zudem bleibt nichts, wie es ist. Die Menschen verändern sich,
die Umgebungen und die Umstände. Ein Teil des Wandels hat
schlicht etwas mit dem natürlichen Voranschreiten der Zeit zu
tun und ist tendenziell vorhersehbar: das individuelle Älter- und
Reiferwerden, und, wenn Kinder im Spiel sind, die typischen
Phasen der familiären Entwicklung. Ein anderer Teil des Wandels
kommt unverhofft, ausgelöst durch überraschende Entwicklungen und unvorhergesehene Schicksalsschläge.

Bei all dem wird deutlich, dass Paarbeziehungen nur gelingen
können, wenn beide Partner sich gemeinsam der Herausforderung stellen, ihr Beziehungsleben und die gemeinsame Lebenswelt immer wieder aufs Neue aktiv zu verändern und neu zu
gestalten.

Sich im Alltag miteinander einrichten

Es lebe, wer sich länger binden möchte, eine Weile zusammen,
um zu prüfen, ob die Liebe das aushält: »Nächte, in denen ich
Schlaf brauche und du keinen findest. Tage, an denen ich reden
will, du aber nicht. Stunden, in denen jedes Geräusch, das du
machst, meine Stille stört« (Levithan, 2012, S. 81). Es gibt diese
Stunden, Tage, Nächte.

Klar, es finden sich Arrangements, um sich aus dem Weg zu
gehen, aber man kann den anderen auch spüren, wenn er zwei
Stockwerke weit weg ist. Du bist nicht allein! Es ist ein Unterschied, ob du mit jemandem wilde Nächte feierst oder den anderen ständig im Alltag um dich spürst. Und es ist ein Unterschied,
den anderen attraktiv zu finden oder sich in seiner beständigen
Nähe wohlzufühlen.

Ganz abgesehen von den kleinen Prüfsteinen für Paare, die der
Herrgott wahrscheinlich aufstellt, um mit einem kleinen Grinsen

und winkendem Zeigefinger zu sagen: »Nein, ihr seid nicht mehr im Paradies!« – die Zahnpastaspuren im Waschbecken, die unge-faltete Zeitung, das liegen gelassene Schmiermesser, zwei müssen sich eben sehr mögen und einigen Humor entwickeln, wenn sie auf Dauer da durchwollen.

Partner in einer Beziehung können sich in ihrem Bedürf-nis nach Abstand und Nähe im Alltag unterscheiden. Zudem kann dieses Bedürfnis schwanken oder sich mit den Jahren und anderen Umständen wandeln. Anfangs ist das gemeinsame Bett (Queensize, 140 Zentimeter) vielleicht gerade richtig. Nach einer Zeit sehnt sich die eine oder der andere aber vielleicht doch nach einem eigenen Zimmer mit einem Bett für sich allein.

Die Regulierung von Nähe und Distanz spielt in Paarbe-ziehungen bekanntlich eine wichtige Rolle. Die Aufgabe für Liebespaare besteht also darin, die unterschiedlichen und ungleichzeitigen Wünschen nach Nähe und Abstand auszu-balancieren. Immer wieder aufs Neue. Das hat nicht nur etwas mit Psychologie und Emotionen zu tun, sondern mit der ganz praktischen Organisation von Zeiten und Räumen, angefangen bei der konkreten Wohnsituation. Simone de Beauvoir und Jean Paul Sartre lebten in Paris gemeinsam in einem Hotel auf ver-schiedenen Stockwerken und in Rom in einem Doppelzimmer an der Piazza di Monte Citorio. Gut, das können sich vielleicht nicht alle leisten und so wollen auch nicht alle Paare leben. Aber kreative räumliche und zeitliche Arrangements im Rahmen der Möglichkeiten sind immer umsetzbar, wenn zwei etwas für die Liebe tun wollen.

Sich auf ein passendes Basismodell einigen

Die Rollen- und Aufgabenteilung in einer guten Beziehung kann sehr unterschiedlich aussehen. Die verschiedensten Modelle sind denkbar und möglich. Sowohl traditionelle als auch innovative Modelle haben ihre Vor- und Nachteile. Jenseits von Moden und Ideologien kommt es auf die Passung an. Welches Modell letztlich passt, muss ausprobiert und ausgehandelt werden. Ein solcher

Such- und Aushandlungsprozesses kann voller Windungen und Wendungen sein und eine Weile dauern. Entscheidend für die Zufriedenheit in Paarbeziehungen ist nur, dass die Partner sich irgendwann (zumindest für eine gewisse Zeit) bewusst auf ein Basismodell einigen können. Ein Modell, das zu den Lebensentwürfen, den Grundüberzeugungen und Lebensumständen beider Partner passt und mit dem sich beide längerfristig identifizieren und wohlfühlen können. Ein solches Modell gibt der Zusammenarbeit als Team einen klaren Rahmen und eine feste Grundlage. Das Modell sollten jedoch flexibel genug sein, um Experimente und Änderungen zuzulassen.

Wenn zwei sich auf ein Modell einigen, können Rollen, Aufgaben und Verantwortlichkeiten klar verteilt werden, und das sorgt bekanntlich in einem Team für weniger Reibung, mehr Leichtigkeit in der Zusammenarbeit und eine bessere Performance.

Natürlich können sich Einstellungen und Bedürfnisse mit der Zeit ändern – oder die Lebenssituation verändert sich. Dann ist eine unideologische, pragmatische Herangehensweise hilfreich. Modelle können variiert oder neu ausgehandelt werden. Wenn Paare selbstbestimmt frei wählen können, was zu ihnen – in dieser Situation und unter diesen Bedingungen – passt, dann wächst die Wahrscheinlichkeit, die Liebesbeziehung in einer sich ständig wandelnden Welt weiterzuentwickeln. Ungünstig für die Liebe ist nur, wenn ein Partner oder beide mit dem praktizierten Modell hadern und bei jeder Gelegenheit erneut und sehr grundsätzlich über Modelle gestritten wird.

Das dritte Element – Kinder und andere gemeinsame Projekte

Das Entwicklungsmodell für Paarbeziehungen, das ich hier vorschlage, ist ganz bewusst so konzipiert, dass es auf alle Formen von Partnerschaften anwendbar ist. Heterosexuelle und gleichgeschlechtliche Beziehungen, Paare mit Kindern oder ohne (oder mit Kindern aus verschiedenen Beziehungen) oder Paare, die sich erst spät kennenlernen.

Aber natürlich machen Kinder einen enormen Unterschied, wenn es um die Entwicklung einer Paarbeziehung geht. Paare mit oder ohne gemeinsame Kinder leben in unterschiedlichen Welten. Ein Kind macht Partner zu Eltern. Zur Paarebene kommt eine Elternebene hinzu und die Paarbeziehung wird angereichert durch ein drittes Element. Ein neues System, ein Familiensystem mit wesentlich höherem Komplexitätsgrad entsteht.

Im alltäglichen Zusammenleben sind Paarebene und Elternebene eng miteinander verwoben. Und doch gelten für das Paarsystem und das Elternsystem komplett andere Systemregeln. Eine Paarbeziehung kann aufgekündigt werden, Elternschaft nicht. Partner können sich trennen und die Verantwortung füreinander ablegen, als Eltern bleiben sie aber verantwortlich für ihre Kinder und auf diese Weise lebenslang miteinander verbunden. Ob sie das wollen oder nicht, sie bleiben eingebunden in einen größeren generativen Zusammenhang. Elternschaft setzt Partnerschaft also dauerhaft in einen radikal anderen Kontext. Und das verändert die Entwicklung einer Paarbeziehung in Gegenwart und Zukunft auf fundamentale Art und Weise. Die Paarbeziehung entwickelt sich, wenn es gut geht, weiter, aber jetzt im Kontext Familie. Und natürlich ist das Leben mit Kindern in einer Familie auch ganz praktisch etwas anderes als ein Leben zu zweit.

Kinder sind ein Schatz für sich und sie zentrieren die Eltern um eine gemeinsame, generative Aufgabe. Ein neuer Mittelpunkt entsteht. Die zusätzliche Herausforderung für die Entwicklung einer guten Paarbeziehung besteht nun darin, beide Ebenen, die Paarebene und die Elternebene, immer wieder neu auszubalancieren. Denn natürlich vermischen sich beide Ebenen im Familienleben. Es geht also darum, beide Ebenen immer wieder zu entkoppeln und beiden Beziehungsformen den Platz einzuräumen, den sie brauchen. Das erfordert Verständigung (Auf welcher Ebene bewegen wir uns gerade?) und Abstimmung (Was ist gerade dran?). Ein komplexer Abstimmungs- und Aushandlungsprozess, der bekanntlich nicht ohne Komplikationen

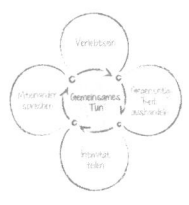

verläuft, der aber andererseits, wenn Konflikte und Krisen gemeistert werden, die Partner verbindet und persönlich voranbringt.

Eltern neigen zu der Ansicht, Kinder zu bekommen und großzuziehen, sei das wunderbarste generative Projekt, dass man sich vorstellen kann. Aber es gibt natürlich auch andere großartige Projekte, an denen Paare gemeinsam wachsen können und die eine tiefere Verbindung schaffen. Wichtig für die Entwicklung von Paarbeziehung scheint in jedem Fall zu sein, dass es irgendwann (oder immer einmal wieder) ein *drittes Element* in der Partnerschaft gibt, ein gemeinsames Projekt, das verbindet und Freude bereitet.

Gemeinsam Verantwortung übernehmen und Arbeit fair verteilen – Besen, Herd und andere Sachen

> *And in the end the love you take*
> *is equal to the love you make.*
> John Lennon und Paul McCartney, The End, 1969

Zufriedenheit: Die Balance von Geben und Nehmen spielt in menschlichen Beziehungen eine zentrale Rolle. Die Bilanz muss stimmen (Boszormenyi-Nagy u. Spark, 1973). Über Grenzen und Generationen hinweg. Geben und Nehmen muss auf Dauer ausgeglichen erscheinen, wenn eine Beziehung gut werden will. Sonst gibt es früher oder später Krieg. Paarbeziehungen bilden da keine Ausnahme. Selbst in den schönsten Liebesbeziehungen bilanzieren die Menschen unterbewusst, auch wenn sie sich gerne der Illusion hingeben, das nicht zu tun. Es gibt Situationen, in denen die Rechnung präsentiert wird. Beim Bilanzieren geht es um harte und weiche »Währungen« und jeder Partner hat seine eigene Abrechnungsmethode (Boszormenyi-Nagy u. Krasener, 1986). Entscheidend ist die *gefühlte* Ausgeglichenheit. Egal also, welches Modell zwei wählen oder welchen Lebensentwurf zwei leben, wenn die Liebe sich entfalten soll, müssen Verantwortung und Arbeit so verteilt werden, dass beide sich am Ende fair behandelt fühlen.

Von einer fairen Verteilung sind wir als Zivilisation allerdings meilenweit entfernt. Vor allem, wenn Kinder ins Spiel kommen. Weltweit. Selbst in fortschrittlichen Ländern mit Frauenbeauftragten. Ja, es ist einiges in Bewegung und klar, die Männer geben sich Mühe. Einige Helden schaffen sogar den Ausgleich. Aber es ist in der Masse zu wenig, es geht sehr mühsam voran und manchmal auch zurück. Männer und Frauen sollten in dieser Sache Realisten sein, vor allem Männer.

Ein paar Fakten: Auf allen Erdteilen und in allen Ländern tragen Frauen nach wie vor die Hauptlast der Arbeit, nicht nur bei Haushalts- und Familienaufgaben, sondern in der Summe *aller* Arbeit! Frauen schaffen einfach mehr. Das gilt auch für die ökonomisch und technologisch fortgeschrittenen Länder mit hohen Bildungschancen. Eine Expertise für das Familienministerium kommt 2011 zu dem Schluss: »Mütter erledigen ca. 3,3 Mal so viel *Familien- wie Erwerbsarbeit.* […] Engagiert sich der Vater in der Kinderbetreuung, bleiben dafür Haushaltsaufgaben liegen« (zit. nach Bartens, 2013, S. 214). Die traditionelle Rollenverteilung – die Frau trägt Verantwortung für Haus und Kinder, der Mann für den Unterhalt der Familie – setzt sich spätestens dann mächtig durch, wenn Kinder kommen, auch bei Paaren, die das eigentlich anders wollten[5] (Reichle u. Zahn, 2006). Wenn es dabei fair zuginge, wäre die Sache vielleicht in Ordnung. Aber in einer Welt, in der beide Geschlechter arbeiten gehen sollen, vor allem aber müssen, weil es sonst nicht langt, bedeutet die Kombination »beide berufstätig und traditionelle Rollenaufteilung« nichts anderes, als dass die Frauen die Hauptlast tragen. »Die angepriesene Vereinbarkeit von Beruf und Kindern ist eine Schimäre. Da gibt es

---

5   Nach einer Untersuchung des Instituts für Demographie, Allgemeinwohl und Familie teilen sich heute nur 14 % aller Paare mit Kindern unter 18 die Erwerbsarbeit gleichmäßig auf, weniger als vor 16 Jahren. Das vorherrschende Modell ist der Vollzeit erwerbsarbeitende Mann in Kombination mit Teilzeit erwerbsarbeitender Frau.

nämlich nichts zu vereinbaren. Da gibt es nur etwas
zu addieren. Und zwar Arbeit plus Arbeit« (Iris
Radisch 2006 in der Zeit, zit. nach Bartens, 2013, S. 215).
Das ist nicht fair! Es ist eine schreiende Ungerechtigkeit und
es bleibt ein wunder Punkt im Fleisch der menschlichen Zivilisation.

Warum muss das gesagt werden und warum ist das hier wichtig? Damit keine Missverständnisse aufkommen: Es geht hier
nicht um die übliche Debatte, wer kocht, putzt, wäscht, einkauft,
die Kinder betreut, die Alten pflegt oder wer repariert, das Auto
pflegt und die Finanzen erledigt. Es geht auch nicht darum, dass
Männer faul und Schweine sind und mehr arbeiten sollen. Jeder
kennt Beziehungen, wo es umgekehrt ist, und Männer arbeiten
sowieso zu viel. Aber darum geht es hier ebenfalls nicht. Es geht
darum, wer Verantwortung übernimmt. Wer übernimmt Verantwortung für die alles entscheidenden menschlichen Beziehungen? Die Beziehungen zu den Kindern, die Beziehungen zu
den Älteren, die Paarbeziehungen?

Eins ist klar, die Verantwortung und das Verantwortungs-
bewusstsein für Beziehungen ist zwischen Frauen und Männern
seit Jahrtausenden höchst ungleich verteilt. Das zeigt sich inte-
ressanterweise gerade in der Seltsamkeit, dass Frauen, werden sie
befragt, die Ungleichheit selbst als gerecht ansehen, solange sie
sich in einer Beziehung befinden (Nordenmark u. Nyman, 2003;
Lennon, 1994; Braun, 2008). Amore, eine Verdrängungsleistung.
Frauen investieren in der Regel nicht nur mehr in Beziehungen,
sie erbringen zusätzlich eine Art *Vorleistung* für die Zufriedenheit
in Partnerschaften, indem sie die bestehende Ungleichheit ver-
drängen oder verleugnen. Und die »Rechnung« geht ja zunächst
auch auf, die Investition amortisiert sich. »Ob aus Einsicht oder
Frustration: Die Frauen, die über diese chronische Ungleichheit
der Aufgabenverteilung großzügig hinwegsehen, tun sich und
ihrer Partnerschaft zumindest kurzfristig etwas Gutes« (Bartens,
2013, S. 215). So nobel das ist, so riskant ist es – für die Frauen
und die Beziehung und für die Männer. Für die Frauen, weil das

Investment durch Krise oder Trennung leicht entwertet werden kann. Es droht der Totalverlust und die zusätzliche Wut darüber, dass Frau so blöd war. Für die Männer, weil sie Schulden anhäufen, von denen sie nur eine flaue Ahnung haben, Schulden, die dann irgendwann kaum mehr abzutragen sind. Es droht ebenfalls der Totalverlust und die Wut darüber, dass Frauen so nachtragend und zickig sind.

Für Beziehungen ist das Muster riskant, weil die Wirkung paradox sein kann. Gibt ein Partner auf Dauer mehr als der andere, gerät die Balance von Geben und Nehmen aus dem Gleichgewicht und das fühlt sich für *beide* Partner nicht gut an. Der eine gibt mehr, als er bekommt, der andere bleibt etwas schuldig – und das ist der Liebe abträglich. Also sind doch mal wieder die Frauen an allem schuld? Keineswegs. Wer für die Liebe etwas tun will, der lässt sich nicht aus der Verantwortung drängen, der achtet darauf, dass Verantwortung und Arbeit fair verteilt wird.

Es könnte so einfach sein und bleibt doch eine riesige Herausforderung. Die Lösung besteht darin, dass Frauen und Männer gemeinsam die Verantwortung für die zentralen Beziehungen des Lebens übernehmen. Eine Jahrtausendaufgabe. Es ändert sich etwas, aber es wird sehr langsam gehen. Daran sollten Männer und Frauen vielleicht denken, wenn sie in ihrer kleinen Welt um Fairness ringen. Sie können tatsächlich auf jeden kleinen Schritt stolz sein, denn am Ende des Jahrtausends wird es eine enorme gemeinsame generative Leistung der Zivilisation gewesen sein, das Zusammenleben und -arbeiten komplett neu und anders organisiert zu haben.

Ein starkes Team bilden

Beim gemeinsamen Tun geht es für Paare darum, als Team gut zusammenzuarbeiten (Graf, 2005). Starke Teams haben einen konkreten Traum und eine klar umrissene Aufgabe, die sie arbeitsteilig erfüllen wollen. Die gemeinsame Aufgabe steht im Mittelpunkt. Starke Teams sind erfolgreich und wachsen an ihren Aufgaben. Wenn etwas gemeinsam getan werden soll, geht es

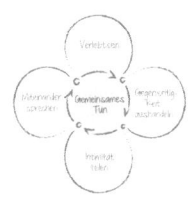

zunächst darum, zu erkunden, wer sich mit welchen Talenten und Neigungen einbringen kann. Jede Team- bildung beginnt mit einer Talentsichtung.

Eine gute Möglichkeit, die Performance von Teams zu optimieren, besteht darin, die jeweiligen Signaturstärken zu erkennen und zu fördern. Signaturstärken, das sind nicht einfach Fähigkeiten, sagt Martin Seligmann (2003), der dieses Konzept entworfen hat und weltweit beforscht. Es geht vielmehr darum, herauszufinden, was jemand gut kann und gerne tut. Dabei ist das *und* entscheidend. Natürlich müssen hin und wieder auch Dinge getan werden, die wir zwar gut können, aber nicht gerne tun. Eine Partnerschaft erlaubt es sogar, gelegentlich etwas zu machen, was man zwar gerne tut, aber nicht gut kann. Und sicher ist es in bestimmten Situationen unumgänglich, etwas zu tun, was man weder gut kann noch gerne tut. Tatsächlich zufrieden macht es aber nun einmal, wenn wir möglichst oft die Gelegenheit haben, das zu tun, was wir *gerne tun und gut können*. Teams, in denen jeder die Gelegenheit hat, seine Signaturstärken einzubringen, können sehr erfolgreich sein.

Nehmen wir an, zwei unterstützen sich darin, ihre Signatur- stärken herauszufinden. Dann bliebe nur noch, jedem möglichst viele Spielräume einzuräumen, seine Signaturstärken zu leben: also möglichst viele Situationen zu schaffen, in denen beide ihre Signaturstärken einbringen können. Vielleicht finden zwei mit der Zeit sogar heraus, was ihre *gemeinsamen Signaturstärken* sind. Das wäre dann das, was sie *gemeinsam gerne tun und gut können*: ein gemeinsames Tun, das beiden Freude bereitet, bei dem beide Kraft tanken und Begeisterung spüren. Ein Tun, bei dem sich beide mit Leichtigkeit weiterentwickeln und das beide vermissen würden, könnten sie es nicht mehr gemeinsam tun.

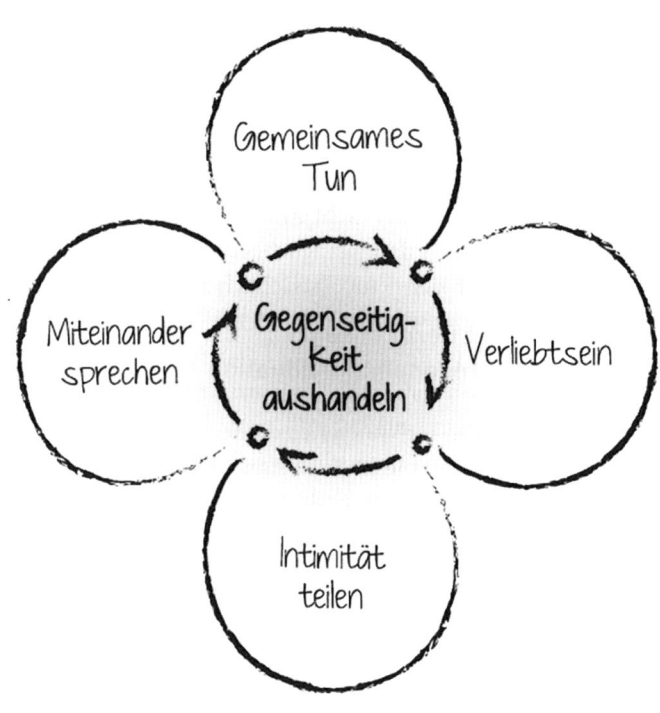

Abbildung 7: Vierte Entwicklungsdimension – Gegenseitigkeit aushandeln

Gegenseitigkeit aushandeln

Und diese menschlichere Liebe
(die unendlich rücksichtsvoll und leise,
und gut und klar in Binden und Lösen sich vollziehen wird)
wird jener ähneln, die wir ringend und mühsam vorbereiten,
der Liebe, die darin besteht, dass zwei Einsamkeiten
einander schützen, grenzen und grüßen.
Rainer Maria Rilke, 2007

Psychologisches Bezogensein:
Die Welt der bezogenen Individuation

In Liebesbeziehungen verbinden sich die Seelen mal schnell und stürmisch, mal eher tastend und behutsam. Es ist durchaus möglich, den anderen schon früh intuitiv in seinem Wesen zu erfassen – aber es dauert Jahre und Jahrzehnte, sich gegenseitig in allen Facetten tatsächlich kennen zu lernen. Gegenseitigkeit ist das Ergebnis einer langen Kette von gemeinsamen Erfahrungen, Begegnungen und Auseinandersetzungen.

Klar, zwei schlagen ein neues Kapitel auf, wenn sie sich zusammentun. Eine neue Geschichte beginnt, in der jeder auch ein anderer wird. Das ist wunderbar und aufregend. Und doch begegnen sich in erwachsenen Beziehungen keine unbeschriebenen Blätter. Zwei Persönlichkeiten mit einer Vorgeschichte, einer besonderen Biografie und Sozialisation treffen aufeinander. Gelebtes Leben schreibt sich in die Psyche ein und jeder führt seine seelischen Tattoos mit sich: bestimmte Themen, die uns wichtig sind, Motive, die uns bestimmen, und Muster, sich mit anderen und der Welt in Beziehung zu setzen.

Nach und nach bringen beide Partner ihre Eigenheiten auf die eine oder andere Art und Weise in die Beziehung ein. Zwei Eigenwelten im Kontakt. In diesem Austauschprozess bleiben die Eigenwelten bestehen, sie lösen sich nicht in etwas Drittem auf. Flüsse fließen zusammen und alle Wasser mischen sich irgendwann zu einem großen Strom – das passiert hier nicht, selbst wenn es manchmal so scheint. Rilke sagt das sehr schön, wenn er davon spricht, dass sich in der Liebe zwei Einsamkeiten schützen, grenzen und grüßen.

Und doch entspringt aus der wiederkehrenden Begegnung der Partner etwas Neues, ein gemeinsam erschaffener, ganz eigener Kosmos, eine Paarwelt, auf die sich beide Partner in ihrer inneren Welt beziehen. Auf diese Weise entsteht ein psychologischer Entwicklungsraum, in dem sich beide Partner intensiv mit sich selbst und dem anderen auseinandersetzen und ihre Persönlichkeit weiterentwickeln können.

Kinder und Jugendliche entwickeln und differenzieren ihre Persönlichkeit in enger Bezogenheit zu Eltern und Geschwistern. *Bezogene Individuation* nennt der Heidelberger Familienforscher Helm Stierlin (1989) diesen Prozess. Aber der Prozess der Individuation hört ja mit dem Erwachsenwerden nicht auf. Er setzt sich fort in anderen, gleichrangigen Beziehungen zu Erwachsenen. »Nichts fordert die persönliche Entwicklung im Erwachsenenalter so heraus, wie eine konstruktive Liebesbeziehung«, schreibt Willi (2007, S. 303). Am besten wachsen und reifen wir im Kontakt mit starken Gegenübern, die uns wohlwollend ermutigen, kritisch hinterfragen und beständig das Beste von uns verlangen.

Gegenseitigkeit kann sich nur zu zweit entwickeln. *Zwei* müssen sich auf eine bleibende und wachsende Verbundenheit einlassen und *gleichzeitig* sich selbst treu bleiben, wenn sie Gegenseitigkeit entwickeln wollen. Wenn es gut geht, entwickeln Paare mit der Zeit die Fähigkeit, Meinungsverschiedenheiten konstruktiv auszufechten, Unterschiede zu akzeptieren und das Miteinander zweier starker, eigenständiger Gegenüber zu schätzen. Aber es bleibt eine psychologische Herausforderung – wahrscheinlich die größte, die überhaupt vorstellbar ist –, sich tiefer zu binden *und* gleichzeitig unabhängig zu bleiben.

Eine Liebesverbindung einzugehen bedeutet ja, den anderen in dem Vertrauen zu bestärken, seine Sehnsüchte und Wünsche zu offenbaren, und gleichzeitig dem anderen das Vertrauen zu schenken, sich selbst allmählich ebenfalls ohne Maske zu zeigen. Die Chance ist riesengroß. Zwei können den eigenen Makel und den Makel des anderen akzeptieren, wenn sie dahinter die Schönheit ihrer Seelen entdecken. Sich selbst ohne Abwehr, ohne Schutzpanzer zu erleben, weil es der andere gestattet, das kann, wie Dirk Revenstorf (2008, S. 6) schreibt, ungeheuer erleichtern.

Gleichzeitig könnte das Risiko nicht höher sein. Wer sich ungeschützt zeigt, kann auch verletzt werden. Beim Ringen um Gegenseitigkeit – wenn zwei Egos mit dem berechtigten Anspruch, sich selbst zu entfalten und zu verwirklichen, aufeinanderprallen – bleibt keiner ohne Blessuren. Der Schmerz vergeht, wenn die Beziehung glücklich andauert. Die Systemregel aber bleibt: Zur Entwicklung einer Liebesbeziehung gehören immer *zwei,* aber *einer* allein kann diese Entwicklung beenden. Wer sich auf eine intensive Liebesbeziehung einlässt, geht also unweigerlich ein bleibendes Risiko ein. Der andere kann dableiben oder sich trennen. Partner in einer Beziehung sind, ob sie es wollen oder nicht, gegenseitig voneinander abhängig und damit verletzlich. Diese Verletzlichkeit verpflichtet, und die Verpflichtung wächst, je länger eine Beziehung dauert. Unabhängigkeit dagegen bedeutet, sich dem anderen unverstellt mitzuteilen, ohne Bestätigung zu erwarten, ohne etwas einzufordern oder eine Erwartung zu bedienen. Unabhängigkeit zeigt sich in der Fähigkeit, keine falschen Rücksichten zu nehmen.

Sich dem anderen so zu zeigen, wie man wirklich ist oder sein möchte, nackt und angreifbar, das erfordert Mut, Vertrauen und eine gewisse Reife. Erst allmählich zeigen wir dem anderen, was wir in der Regel für uns behalten. All die Widersprüchlichkeiten und Ambivalenzen, die regressiven und aggressiven Fantasien, die Verrücktheiten und irrationalen Träume, die überzogenen Selbstzweifel und die größenwahnsinnigen Vorstellungen, die wir mit uns herumtragen. Vieles bleibt zunächst im Verborgenen, weil wir versuchen, uns selbst oder den anderen zu schützen. Oder weil wir erst dann etwas mehr von uns selbst ahnen und also auch preisgeben können, wenn wir mit einem anderen Menschen tiefer in Verbindung treten. Genauso erfordert es eine gewisse Courage, den anderen so zu sehen, wie er wirklich ist oder sein möchte.

Es klingt nach einer brutalen Wahrheit, aber nur durch Authentizität und Wahrhaftigkeit, die Treue zweier Partner zu sich selbst, entsteht echte und tiefe Verbundenheit. Gegenseitige Einfühlung reicht nicht aus. Jeder muss auch spüren, was er selbst will, fühlt und denkt, *während* er sich in den anderen einfühlt. Für diese Fähigkeit hat Jacob Levi Moreno (1954) den Begriff Zweifühlung geprägt. In Paarbeziehungen geht es um gegenseitige Zweifühlung. Ein komplexer, störbarer, anspruchsvoller Prozess, in dem sich allmählich Gegenseitigkeit herausbildet. Aber zwei, die lernen, sich dem anderen in ihrer Eigenart und Eigensinnigkeit zuzumuten, reifen nicht nur persönlich, sie halten auch die Beziehung lebendig.

Gemeinsame Entwicklungsaufgaben

> *Wenn man sich akzeptiert fühlt, bedingungslos akzeptiert,*
> *dann kann man sich entspannen und seine Persönlichkeit erweitern.*
> Tom Waits, 2009

Auseinandersetzungsfreude entwickeln

Einige Polaritäten tauchen immer wieder auf, wenn es um Themen geht, die das Leben zu zweit bestimmen: Leidenschaft und Langeweile (Welter-Enderlin, 1995), Bindung und Freiheit, Dauer und Wandel, Nähe und Distanz, Kooperation und Rivalität, Selbstbehauptung und Rücksichtnahme, Egoismus und Altruismus (Willi, 2007). Um Gegenseitigkeit zu entwickeln, müssen beide Partner bereit und fähig sein, sich aktiv und angemessen mit dem anderen über diese Themen auseinanderzusetzen.

Das klingt einfach und banal. Ist es aber oft nicht. Jeder Partner, jede Partnerin bringt ja eigene Erfahrungen in der Beschäftigung mit psychologischen Themen mit in die Beziehung: Für *ihn* sind psychologische Auseinandersetzungen vielleicht besonders wichtig, für *sie* aber negativ besetzt, in einer anderen Beziehung dominiert *sie* die psychologische Auseinandersetzungen, während *er* sich dabei grundsätzlich unterlegen fühlt. Offensichtlich kommt es nicht nur auf die Themen an, sondern auch darauf, wie gut es gelingt, die Themen zu verhandeln. Nicht selten müssen mehr oder weniger starke, bewusste oder unbewusste, Widerstände oder Ängste überwunden werden, um die Erfahrung zu machen, dass Auseinandersetzungen über psychologische Themen Freude bereiten können und Sinn machen. Verantwortung für psychologische Themen zu übernehmen heißt aber auch, die notwendige Behutsamkeit und Zurückhaltung zu entwickeln, damit aus einer Beziehung keine rein therapeutische Veranstaltung wird.

Gegenseitigkeit auszuhandeln ist ein beziehungslanger Lernprozess mit offenem Ausgang. Was zählt, ist die Bereitschaft zur Auseinandersetzung. Wenn es gut läuft, übernehmen beide Partner aktiv Verantwortung für die Themen, die in der Beziehung auftauchen. Die gemeinsame Aufgabe besteht darin, Konflikten, die sich in den oben genannten Spannungsfeldern unvermeidlich ergeben, aktiv zu begegnen und die Polaritäten im Zusammenleben immer wieder passend auszubalancieren.

Für gegenseitigen Respekt und eine wertschätzende Grundstimmung sorgen

Wenn zwei Persönlichkeiten aufeinandertreffen, wird es gelegentlich krachen. Darin unterscheiden sich gute und weniger gute Beziehungen kaum. Partner sind immer auch psychologische Sparringspartner füreinander. Der entscheidende Unterschied besteht in dem Geist und der Atmosphäre, in dem Auseinandersetzungen geführt (und Streits beendet) werden.

Psychologisch aufgeladene Auseinandersetzungen können, wenn sie engagiert geführt werden, leicht eskalieren, und das ist nicht immer komisch. Kränkungen, vor allem Demütigungen, leiten nicht selten eine Spirale der Eskalation ein. Dann wird es gefährlich. Im Clinch geht es dann nur noch darum, wer wen besser treffen kann oder wer wen stärker getroffen (beleidigt, verletzt) hat. Abrechnung. Vergeltung. Rache. Das Feld der Liebe wird zum Schlachtfeld – mit verheerenden Folgen. Heiß geliebte und hoch idealisierte Partner werden zu Dämonen (unübertroffen: Richard Burton und Liz Taylor in »Wer hat Angst vor Virginia Woolf«). Wenn es nicht gelingt, solche Kämpfe zu stoppen, werden Beziehungen zur destruktiven Falle. Alle wichtigen Untersuchungen zur Paardynamik bestätigen: Nichts gefährdet eine Beziehung und die an ihr beteiligten Personen so sehr wie ein Mangel an gegenseitigem Respekt und eine entwertende Grundstimmung. Wenn der Rahmen aus gegenseitiger Zuneigung und gegenseitigem Respekt zerbricht oder zerbröselt, dann kann es nur noch darum gehen, diesen Rahmen wieder herzustellen. Oder es ist an Zeit, die letzten Reste von Respekt zu nutzen, um mit Haltung und Anstand auseinanderzugehen.

Daraus kann man leicht die primäre gemeinsame Aufgabe für Paare ableiten: Sie besteht darin, einen Rahmen aus gegenseitigem Respekt aufzubauen und zu erhalten und für eine wertschätzende Grundstimmung zu sorgen. Das gilt besonders dann, wenn es beim Aushandeln von Gegenseitigkeit hart auf hart kommt. In diesen Situationen sind Humor und die Fähigkeit zur Metakommunikation (▸ Miteinander sprechen) gefragt. Zufriedene Paare werden wahrscheinlich besonders dann gemeinsam kreativ, wenn es darum geht, Auseinandersetzungen angemessen zu führen und Streits auf eine versöhnliche Art und Weise zu beenden.

Emotionale Abstimmung – zwischen Binden und Lösen in Bewegung bleiben

Sich verbinden, eins werden und wieder lösen, zwei werden, sich wieder verbinden – im Tango oder Flamenco zeigen sich die bestimmenden Elemente in der Prozessdynamik der Zweierbeziehung besonders deutlich: *Bindungsbewegungen* und *Lösungsbewegungen* wechseln einander ab, während die Tänzer ihren Rhythmus aufeinander abstimmen und in Bewegung bleiben. Die Paardynamik bildet, choreografisch betrachtet, ein dynamisches Ganzes aus koordinierten Bindungs- und Lösungsbewegungen (Bleckwedel, 2000).

Dabei ist *jede* Bewegung, ob Innen oder Außen, mit Emotionen verbunden. Mal sind Paare emotional gut aufeinander abgestimmt, mal weniger. Manchmal läuft es flüssig und elegant, manchmal turbulent, mitunter holprig. Mal schweben sie synchron dahin, mal sieht es eher aus wie Gerangel. Es kommt vor, dass ein Partner sich *jetzt* lösen möchte, während der andere noch festhält.[6] Einmal aus dem Rhythmus gekommen kann der Tanz zum Gezerre werden. Eine lässt los, der andere stolpert. Jetzt innehalten! Kontakt aufnehmen. Das Stolpern als Zeichen für einen anstehenden Entwicklungsschritt deuten! Den Tanz wieder aufnehmen und sich erneut in einen gemeinsamem Rhythmus einfinden. Die verbesserte Performance genießen. Das Wichtigste: sich abstimmen und in Bewegung bleiben!

Eine gute Abstimmung erfordert von beiden Partnern hohe emotionale Achtsamkeit – für sich selbst und gleichzeitig für den anderen. Wenn beide aufmerksam bleiben, verbessert sich mit der Zeit die Abstimmung. Es braucht aber auch den Mut, eingefahrene Muster zu variieren. Wenn alles immer gleich bleibt, kann auch die tollste Performance schnell langweilig werden. Die Aufmerksamkeit lässt nach und die Attraktion sinkt. Damit es spannend bleibt und *swingt,* braucht es kleine und größere Irritationen. Das allzu Perfekte, immer wieder Gleiche wirkt leicht glatt und irgendwie langweilig, es berührt nicht, führt nicht weiter und wir werden nicht inspiriert. Das ist nicht nur auf dem Tanzboden,

---

6   Hier spielen Bindungsmuster (Bowlby, 1988) eine wichtige Rolle: Zwei Menschen mit erworbenen Bindungsmustern treffen aufeinander und handeln sichere und unsichere Bindung miteinander aus.

im Kino, in der Kunsthalle, im Konzertsaal, im Theater oder im Stadion so. Attraktion entsteht, wenn Perfektion sich mit Abweichungsfreude paart. Für die Entwicklung einer Liebesbeziehung ist es jedenfalls elementar wichtig, zwischen Binden und Lösen beweglich und erfinderisch zu bleiben.

Thrill – Angst und Lust in der Schwebe halten

Beim Pas de deux der Liebe geht es nicht nur um den Mut, den eigenen Ängsten und Lüsten zu begegnen, sondern gleichzeitig auch denen des anderen. Psychologen vor und nach Sigmund Freud haben schon immer eine enge Verbindung zwischen Lust und Angst hergestellt. Zu jeder Lust gesellt sich eine Angst und zu jeder Angst eine Lust. Im Liebesleben vermischen und verweben sich Ängste und Lüste. Das macht den *Thrill* von Liebesbeziehungen aus. Stellen wir uns vor, *auf dem Rücken zu fliegen* oder an einem Bungeeseil in die Tiefe zu springen, dann bekommen wir eine Ahnung von jener besonderen Angst-Lust-Mischung, die der britische Psychoanalytiker Michael Balint (1960) als »thrill« bezeichnet.

In seinem Buch »Angstlust und Regression« unterscheidet Balint (1960) zwei Beziehungsprototypen. Die *Oknophilen* suchen Lust und Wonne vor allem in Nähe und Bindung – aus Angst vor dem Verlust von Geborgenheit klammern sie. Die *Philobaten* suchen Wonne und Lust vor allem in Ferne und Autonomie – aus Angst vor dem Verlust von Abenteuer fliehen sie.

Nehmen wir an, Variationen dieser Grundtypen treffen in Paarbeziehungen aufeinander. Dann käme es für die einen darauf an, in der Lösungsbewegung die Abenteuerlust zu entdecken und zu trainieren. Denn wer immer nur klammert, bleibt im Clinch und in seinen Ängsten gefangen. Für die anderen käme es darauf an, in der Bindungsbewegung Geborgenheitslust zu entdecken und zu trainieren. Denn wer immer nur flüchtet und Nähe vermeidet, bleibt ebenfalls in seinen Ängsten gefangen.

Wie auch immer die jeweilige Ausprägung und die Kombination der Typen ausfallen mag, wer dauerhaft in einer Beziehung leben will, kommt nicht darum herum, die eigenen Ängste und Lüste und die des anderen allmählich besser kennen zu lernen und sich damit zu beschäftigen. Die Chance liegt darin, dass beide Partner allmählich kompletter werden. Denn wer sowohl Lust in der Nähe als auch in der Ferne erleben kann, der hat Aussicht auf ein lustvolleres Leben zu zweit. Die gemeinsame Aufgabe besteht darin, die Beziehung zwischen Angst und Lust in der Schwebe zu halten. Lebendig und spannend bleibt eine Beziehung nur durch die wiederkehrenden Momente der Ungewissheit. Das macht Angst. Und Lust.

Sich gegenseitig besser kennen lernen

Verliebtsein beruht zu einem guten Teil auf gegenseitiger Projektion. Diese positive Spiegelung sollte erhalten bleiben, denn daraus speist sich die gegenseitige Liebenswürdigkeit (▸ Verliebtsein), die für gute Beziehungen so wichtig ist. Andererseits müssen die anfänglichen Idealisierungen, soll eine Beziehung sich weiterentwickeln und vertiefen, zurückgenommen werden. Warum? Weil Menschen, wenn sie nur immer idealisiert werden, sich nicht vollständig gesehen fühlen. Wir merken, wenn der andere uns nur zur Projektionsfläche seiner Wünsche degradiert und gar nicht wahrnehmen will, wer wir sind oder wer wir zu sein glauben. Das fühlt sich nicht gut an. Der Kontakt bleibt oberflächlich, er vertieft sich nicht und wird schnell schal.[7]

Gegenseitigkeit entwickelt sich, so lässt sich sagen, immer auch in einem Prozess der Desillusionierung. Ein solcher Prozess ist nicht ohne Risiko. Der andere kann sich als Partner entpuppen, der nicht passt. Die Beziehung kann sich als Irrtum erweisen. Andererseits können Paare im Prozess der Desillusionierung viel gewinnen. Klar ist Enttäuschung anstrengend und schmerzlich. Aber wenn sich zwei trauen, sich authentisch zu zeigen und vollständiger wahrzunehmen, kann sich die Beziehung psychologisch erweitern und vertiefen. Im anderen und in

---

7 Die Schönen, Reichen und Mächtigen können ein Lied davon singen.

einem selbst kann auftauchen, was vorher so nicht sichtbar war: bewusste und unbewusste, geliebte und nicht geliebte, ängstliche und mutige, leuchtende und dunkle, schöne und hässliche, tragische und komische, verzweifelte und hoffnungsvolle Seiten. Die Liebe gewinnt an Substanz.

Annehmen, was fehlt

Je besser wir den anderen kennenlernen, desto mehr begreifen wir, wer der andere ist, aber auch, wer der andere nicht ist, was er oder sie immer sein wird, aber auch, was er oder sie niemals sein kann.

Zu entdecken, was wir im anderen endgültig nicht haben können, was uns aber fehlt, gehört vielleicht zu den schmerzlichsten Erfahrungen im Zusammenleben als Paar. Denn auch der Partner wird darunter leiden, uns in einem bestimmten Bereich nicht das Gegenüber sein zu können, das wir uns erhoffen. Uns selbst geht es ja genau so, wenn wir nicht sind oder geben können, was der andere sich wünscht. Wir leiden am anderen, weil der unsere potenziellen Entfaltungsmöglichkeiten einschränkt, wir leiden aber auch, weil wir die Entfaltungsmöglichkeiten des anderen einschränken.

Bestimmte Wünsche bleiben offen. Gut auszuhalten ist das nur, wenn die Erfüllung überwiegt. Wenn beide Partner in wesentlichen Bereichen die Resonanz im anderen finden, die sie sich wünschen, dann hat die Beziehung eine gute Prognose. Sie verbessert sich, wenn die Partner auch die Grenzen, die sie sich gegenseitig unvermeidlich setzen, antizipieren. Nobody is perfect. Daher kann auch keine noch so gute Beziehung perfekt sein. Glücklich ja, aber nicht perfekt.

Annehmen, was bleibt

Mit den Jahren zeigen sich auch immer deutlicher Eigenheiten, die zum Kern einer Persönlichkeit gehören. Alle Bemühungen, Appelle, Beratungsangebote, pädagogische Maßnahmen oder pseudotherapeutische Interventionen prallen an solchen Eigenarten ab. Ob es uns oder dem anderen nun gefällt oder nicht, sie bleiben. Kerneigenschaften, das sind Merkmale, Verhaltensweisen, Vorlieben oder Überzeugungen, die wir nicht preisgeben können, ohne unsere Identität, unser wahres Selbst zu verlieren. Etwas, das unseren Charakter, unsere Eigenart ausmacht, eine Farbe, die wir lieben, eine Signatur, die uns auszeichnet, in jedem Fall aber etwas, dass wir niemals preisgeben oder aufgeben könnten, ohne uns zu verleugnen.

Es macht keinen Sinn, seine Kerneigenschaften auf dem Altar einer Partnerschaft zu opfern, und ebenso wenig wäre es klug, den anderen unter Druck zu setzen, seine Signaturen zu verleugnen. Beides würde eine Beziehung enorm belasten. Wenn es um den Kern der Persönlichkeit geht, bleibt kein anderer Weg, als sich gegenseitig im Sosein anzunehmen.

Positionen wechseln und Rollen tauschen

Die Sehnsucht nach einem Lebenspartner wird offenbar auch durch tief verwurzelte geschlechtstypische Wünsche geleitet, die archaisch wirken, aber in der modernen Welt keineswegs ihre Bedeutung verloren haben. Jürg Willi nennt es »die Sehnsucht des Mannes nach dem Umsorgt- und Genährtwerden durch die Frau und die Sehnsucht der Frau nach dem Geschützsein durch die Kraft und Tapferkeit des Mannes« (2007, S. 74). Animus sucht Anima und umgekehrt. Was es auch immer sei, intuitiv suchen wir nach jemandem, der zu uns passt, der uns ergänzt und vollständig macht. Das ist ganz natürlich und in Ordnung. Zwei können sich in ihren Talenten und Vorlieben gut ergänzen. Und doch tauchen in Beziehungen, wenn die Rollen- und Raumaufteilung sehr starr bleibt, regelmäßig psychologische Probleme auf.

Laut einer Befragung von Willi (2007, S. 67 ff.) stört nach einer Zeit viele Frauen und Männer am anderen bezeichnenderweise gerade das, was anfänglich so unwiderstehlich anziehend wirkte. Der Held ohne viele Worte, Schwarm vieler Frauen (z. B. Humphrey Bogart in »Casablanca«) – später nervt er als Gesprächsmuffel und Fernbleibender, er hört nicht zu, hat nie genug Zeit für Zweisamkeit, übernimmt zu wenig Verantwortung für die

Beziehung, zeigt zu wenig Anteilnahme und will immer nur Sex. Die verführerische Aphrodite (z. B. Marilyn Monroe in »Manche mögen's heiß«), Schwarm vieler Männer – später nervt sie mit überbordender Emotionalität und Nähesucht, sie redet zu viel, fordert unmäßig, will immer recht behalten, erzieht an einem herum und ist sowieso nie zufrieden. Wir sehen, eine starre Rollen- und Raumaufteilung setzt der persönlichen Entwicklung, aber auch der Entwicklung einer intensiven Beziehung enge Grenzen, und das macht nicht unbedingt zufrieden.

Partner, die flexibel die Positionen wechseln, zum Rollentausch einladen und sich gegenseitig die Chance einräumen, sich auf dem Feld des anderen zu tummeln, tun sich nicht nur gegenseitig etwas Gutes, sie steigern auch die Zufriedenheit mit der Beziehung und halten diese lebendig.

Psychologische Verwicklungen verstehen und für Entwicklung nutzen

Entgegen einem in der Psychologie weit verbreiteten Irrtum besteht der Mensch nicht allein aus Neurosen. Wir dürfen also davon ausgehen, dass zwei Menschen, die eine Beziehung eingehen, sich in der Regel und in erster Linie auf der Grundlage intakter Persönlichkeitsanteile begegnen. Und doch führt jeder Partner auch neurotisches Material mit sich – unbearbeitete Konflikte, »unfinished business«, etwas, das nicht gut zu Ende gebracht, verarbeitet und integriert wurde. Irgendwann, nach einer gewissen Zeit der Zurückhaltung, drängen diese Anteile an die Oberfläche und werden als problematische Beziehungsangebote eingebracht.

Diese Anteile zeigen sich keineswegs nur, um einfach ihr Unwesen zu treiben, nein, Unfertiges möchte, in einem dialektischen Sinne, aufgehoben und verwandelt werden. Verdrängtes, Unverarbeitetes und Unabgeschlossenes drängt ja ans Licht, um gelöst (aufgelöst, abgelöst, erlöst) zu werden. Und Lösungen finden sich im Leben oft erst dann, wenn problematische Situationen oder Szene noch einmal (und noch einmal) nachgestellt werden, um herauszufinden, wie es anders und besser gehen könnte. Jede

Wiederholung, jedes zweite[8] oder x-te Mal bietet die
Chance, sich in einer Szene anders zu verhalten und
damit einer Geschichte eine neue Wendung zu geben
(wunderbar dargestellt in dem Film »Und täglich grüßt das
Murmeltier« mit Bill Murray und Andie MacDowell).

Es ist also keinesfalls überraschend und von einem entwicklungsorientierten Standpunkt aus überaus sinnvoll, wenn unser
Unbewusstes dafür sorgt, dass wir, fühlen wir uns etwas sicherer,
unsere unfertigen Sachen in die Beziehung einbringen. Auf der
Bühne der Partnerschaft kommen so problematische Situation
und Muster aus früheren Zeiten erneut zur Aufführung, um Ent-
wicklungsmöglichkeiten zu erkunden.

Die Chance: Es kann mit anderen Verhaltensweisen und
Gefühlen, Interaktionsmustern und Szenenverläufen experi-
mentiert werden. Wenn es gut läuft, entziehen sich die Partner
dem bloßen Zwang zur Wiederholung, entwickeln Lösungsfantasien und erproben Lösungsschritte. Darin liegt ja, psychologisch
betrachtet, die große Chance intensiver Paarbeziehungen, dass
wir mit dem Partner zusammen problematische Muster durch-
spielen und gemeinsam kreativ werden können – um nachhaltige Lösungen zu erfinden, auf die wir allein vielleicht gar nicht
gekommen wären.

In jedem Fall besteht die Aufgabe für Paare darin, problematische Muster, die sich wiederholen, zu erkennen und auf dem
Hintergrund der jeweiligen Biografien gemeinsam zu verstehen,
einzuordnen und so weit zu verändern, dass beide Partner gut
damit leben können. Manchmal stellt sich eine Änderung auf
ganz unspektakuläre Art und Weise ein, durch ein Wort, eine
Geste, eine Handlung – manchmal braucht es viele szenische
Durchläufe und Gesprächsrunden. Gegenseitige Verbundenheit und Unabhängigkeit zu entwickeln, kann auch harte Arbeit
bedeuten. Andererseits vertieft sich die Liebe mit der ungeahn-

---

8   Auf dieser Idee baute Jacob Levy Moreno (1974) seine psychodramatische
     Therapie auf.

ten Leichtigkeit, die sich einstellt, wenn zwei den Schmerz, den die psychologischen Tatsachen und Kämpfe unweigerlich mit sich bringen, durchschreiten und mit einem Lächeln hinter sich lassen. Sich auf eine Beziehung einzulassen, bedeutet, sich zu verwickeln, das ist unvermeidlich. Das Ziel besteht darin, sich aus den Verwicklungen heraus zu entwickeln, aus Tiefe Leichtigkeit zu schöpfen.

Es gibt, das soll nicht verschwiegen werden, Formen der Verwicklung, die mit der Zeit zur Falle werden. Auch wenn es sich dabei um Ausnahmefälle handelt, lässt sich aus solchen speziellen Beziehungsarrangements einiges über die Entwicklung von Gegenseitigkeit ableiten. In seinem Bestseller »Die Zweierbeziehung« beschrieb Jürg Willi (1975) bestimmte neurotische Muster, in die sich Paare verstricken können. Diese Muster nannte er Kollusion. Gemeint ist ein neurotisches Zusammenspiel, das weitgehend *unbewusst* bleibt: ein Reigen, in dem sich zwei Partner in komplementären Positionen und Rollen gegenseitig stützen und schützen, aber eben auch in ihren neurotischen Ängsten bestätigen und festhalten. Nehmen wir an, beide Partner hätten in ihrer Kindheit elterliche Geborgenheit und wertschätzende Zuwendung vermisst. Dann könnte ein Partner seine unerfüllten kindlichen Wünsche *regressiv* verwirklichen (»ich bin das kleine Mädchen, der kleine Junge – halt mich fest«), während der andere Partner die gleichen Wünsche in der Gegenrolle *progressiv* verwirklicht (»ich bin der starke Papi, die gute Mutti – bei mir kannst du dich fallen lassen«). Beide Rollen passen zunächst gut zusammen. Das Problem: Das unbewusste Zusammenspiel »versklavt« beide Partner in der einmal eingenommenen und zugewiesenen Rolle. Der eine wird in eine Halt gebende (führende, versorgende, dominante, zentrale, helfende) Position gebracht und dort festgehalten – der andere in einer Halt suchenden (führungsbedürftigen, verwöhnten, abhängigen, zweitrangigen, hilflosen) Position. In einer kollusiven Konstellation gibt es keine Positionswechsel und keinen Rollentausch, dem Beziehungssystem fehlt die Flexibilität. Die Partner stützen sich gegenseitig in ihren Ängsten, eine per-

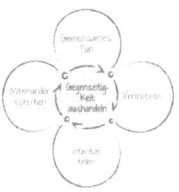

sönliche Weiterentwicklung findet nicht statt und die Entwicklung der Beziehung stagniert.

Gemeinsame und persönliche Verantwortung entwickeln

Ein erster Schritt zur Lösung neurotischer Blockierungen kann darin bestehen, gemeinsam die tieferen Wünsche, die jeden Partner bewegen, in ihrem Ursprung und in ihrem Ausmaß besser zu verstehen. In einem zweiten Schritt geht es dann aber darum, dass jeder Partner (wieder) die Verantwortung für sich selbst und seinen Part in der Beziehung übernimmt. Sicher, wie ich mich in einer Beziehung erlebe, zeige und verhalte, hängt auch vom anderen ab. Es gibt eine gemeinsame Verantwortung für die Beziehung als Entwicklungsraum. Dieses Argument darf jedoch nicht missbraucht werden, um von der persönlichen Verantwortung abzulenken, die jeder für sich selbst und für die Beziehung trägt.

Es gibt eine gemeinsame und eine persönliche Verantwortung. Nur auf der Basis einer solchen doppelten Verantwortung kann sich Gegenseitigkeit in einer Beziehung entwickeln. Wir können und sollen dem Partner die persönliche Verantwortung für sich selbst und die Beziehung nicht abnehmen. Jeder hat seine unerfüllten oder unerfüllbaren Träume und Sehnsüchte. Die Verantwortung dafür beim anderen zu lassen, darin liegt vielleicht die größte psychologische Herausforderung in dauerhaften Beziehungen.

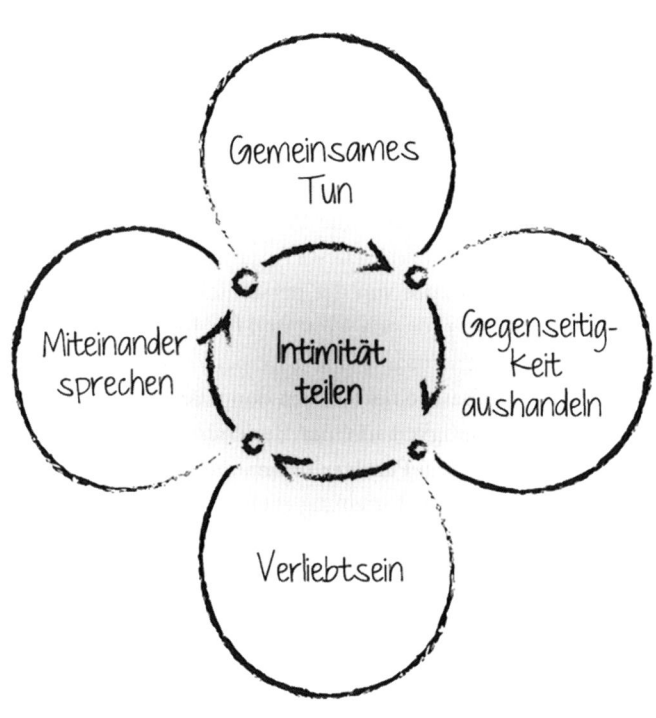

Abbildung 8: Fünfte Entwicklungsdimension – Intimität teilen

Intimität teilen

Intimes Bezogensein:
Die Welt gemeinsam geteilter Erfahrungen
und Geschichten

eye to eye with, body to body,
brain to brain, soul to soul, spirit to spirit
and in the mirror me, or is it you?
Jane Kelb, 2014

Partner seien miteinander intim, sagt man, wenn sie miteinander schlafen. Die Intimität, von der hier die Rede ist, bezeichnet hingegen einen *Prozess* von einiger Dauer, der früh beginnt, und, über viele Stationen hinweg, erst spät zur Blüte kommt. Intimes Bezogensein speist sich aus vielen Quellen: körperliches, geistiges, seelisches, spirituelles und generatives Erleben fließen zusammen und in der Mitte bildet sich ein Reservoire gemeinsam geteilter intimer Erfahrungen. Entscheidend sind jedoch die Erzählungen, die aus der Fülle dieser Erfahrungen hervorgehen: die Legenden, die zwei im Dialog über ihre Erfahrungen erfinden, die Geschichten, die gemeinsam geteilte Intimität widerspiegeln. Intimes Bezogensein entsteht im Spiegelkabinett, wenn zwei sich ineinander und in ihrer Erfahrung spiegeln.

Aber es stimmt schon, sich *körperlich* aufeinander einzulassen, macht besonders deutlich und sinnlich erlebbar, was Intimität ausmacht. Wir öffnen nicht jedem die Tür, zeigen uns nicht jeder nackt und steigen nicht zu jedem ins Bett (jedenfalls nicht ohne Not, Drogen oder irgendeinen Spleen). Das Intime bleibt, *wenn* es gepflegt wird,[9] empfindlich und wir bleiben empfindlich. Wir können Ekel empfinden, zurückschrecken und in Panik verfallen und oder wir können Wohlbefinden erleben, uns angezogen fühlen und Entdeckungsfreude entfalten. Das zeigt sich vielleicht schon in der ersten Begegnung, Körperlichkeit ist direkt: Genug gesehen, gehört, gespürt, gerochen, geschmeckt – oder: noch nicht genug gesehen, gehört, gespürt, gerochen, geschmeckt! Wenn zwei verliebt sind, werden sie sich mit wachsender Begeisterung mit allen Sinnen erkunden und dabei einiges entdecken.[10] Das eigentlich Intime ist aber nicht das zu Entdeckende oder Entdeckte.

Das intime Bezogensein, um das es hier geht, entsteht, wenn zwei sich gegenseitig beim Entdecken und Entdecktwerden beobachten, spüren und erleben. Das Verborgene, zunächst nicht Sichtbare, ist schon intim genug. Viel intimer aber, weil entschlüsselnder, ist es, dabei beobachtet zu werden oder jemanden dabei zu beobachten, wie das Verborgene entdeckt wird. Diese Art von Entdecken *und* Entdecktwerden ist etwas ganz anderes, als, sagen wir, den Amazonas hinaufzufahren, um bisher unbekannte Tierwelten oder Goldminen zu erkunden, oder mit einem Computertomografen ein Gehirn zu scannen. Zwei, die gleichzeitig einen Orgasmus erleben und sich dabei gleichzeitig beobachten, spiegeln sich, für einen kurzen Moment nur, unendlich ineinander: zwei Intimitäten, die miteinander verschmelzen. Natürlich ist das nichts weiter als eine sprachliche Metapher und die Vernunft sagt uns: Das geht nicht, jeder bleibt doch letztlich für sich und in seiner eigenen Welt gefangen! Ja, das stimmt – und doch fühlt es sich anders an. Im Erleben passiert es und wir spüren, dass der andere es genauso erlebt! Zwei, die sich gegenseitig beim Entdecken entdecken: Um diese Erfahrung geht es, wenn ich hier von *Intimität teilen* spreche.

---

9 Die Wandlungen im Umgang mit Intimität bezeichnen einen wesentlichen Aspekt im Prozess der Zivilisation (Elias, 1976; Dürr, 1994).

10 Was genau? Das kann man am besten in Romanen nachlesen!

Diese Erfahrung bleibt keineswegs auf das Körperliche beschränkt, sie kann ebenso im intensiven Dialog, im gemeinsamen Tun oder im Aushandeln von Gegenseitigkeit gemacht werden. Immer geht es dabei auch um die Erfahrung, gemeinsam Grenzen zu überschreiten *und* sich dabei genügend geschützt und aufgehoben zu fühlen.[11] Wenn zwei lange genug zusammen sind, dann wachsen sie, bei aller Eigenständigkeit, doch auch in einer gewissen Weise zusammen. Natürlich behält jeder seine unverwechselbare Identität und es bleibt ein intimer Raum, ein exklusiven Bereich, zu dem nur wir selbst den Schlüssel bewahren. Es bleiben zwei intime Welten erhalten und doch entsteht allmählich in der Mitte ein Bereich gemeinsam geteilter Intimität, der die beiden Welten tiefergehend miteinander verbindet.

Eine solche besondere Art von Verbindung – die kein vollständiges Ineinanderaufgehen sein kann, aber mehr ist als Gegenseitigkeit – kann man sich nur auf der Grundlage vieler gemeinsam geteilter Erfahrungen vorstellen. Vielleicht ragen einzelne Ereignisse heraus: eine erotische Erfahrung, die Geburt eines Kindes, das Durchstehen einer Herausforderung. Das *gemeinsam erlebte Voranschreiten* der Zeit könnte jedoch eine weit wichtigere Rolle spielen. In der voranschreitenden Zeit erleben und erkennen zwei Partner sich ja nicht nur in Momentaufnahmen, gleichsam statisch, sondern in Entwicklung: Die Beziehung entwickelt sich und wir lernen den anderen kennen, wie er sich entwickelt, während wir uns gleichzeitig selbst entwickeln. Der eine wird im anderen zu einem integralen Bestandteil der Selbsterfahrung. Die persönliche Entwicklung beider Partner und die Entwicklung der Beziehung verschränken sich zu einer gemeinsamen Entwicklungserfahrung, in der das eine von dem anderen schwer zu trennen ist.

Zwei Partner erleben gemeinsam Höhepunkte, durchleiden Tiefpunkte, gestalten Projekte, meistern gefährliche Situationen, stehen sich bei Krankheiten, Verlusten und Niederlagen bei, fei-

---

11 Im Gegensatz zu Missbrauchserfahrungen.

ern Erfolge und werden langsam gemeinsam älter: Irgendwann wissen sie ziemlich gut, wie der andere tickt (was er, was sie empfindet und fühlt, wie er, wie sie denkt und handelt, was er, was sie sich wünscht und als Nächstes sagen wird). Sehr behutsam, durch viele gemeinsam geteilte Erfahrungen, Erlebnisse und Gespräche verbinden sich zwei innere Welten zu einer ganz eigenen Sphäre, die zu einer Heimat wird, ähnlich der äußeren Welt, die ein Paar umgibt. »Nichts gibt uns so sehr wie die gemeinsame Geschichte einer langfristigen Partnerschaft das Gefühl, einen Ort und eine Heimat in dieser Welt zu haben und nicht allein zu sein«, schreibt Hans Jellouschek (1998, Klappentext).

Gemeinsame Entwicklungsaufgaben

Gemeinsam Geschichtlichkeit entwickeln

Partnerschaften werden, wie einzelne Individuen oder größere Gemeinschaften auch, durch ihre Geschichtlichkeit bestimmt. Gemeinsam geteilte Erfahrungen sind das eine, aber welche Geschichte über ihre Entwicklung als Paar erzählen zwei sich selbst und anderen?

Natürlich machen sich beide Partner ein jeweils ganz eigenes Bild von der Paarwirklichkeit, und diese inneren Bilder können bekanntlich nicht unwesentlich voneinander abweichen. Deshalb ist es so wichtig, sich gegenseitig zuzuhören (▸ Miteinander sprechen). Erst im Austausch über und im Ringen um die Bilder, die sich jeder von der Beziehung macht, kann ein gemeinsam geteiltes Bild von der Entwicklung einer Beziehung entstehen. »Wahr« sind diese Bilder alle nicht, aber darauf kommt es hier nicht wirklich an, wichtig ist vielmehr, dass überhaupt ein gemeinsam geteiltes Bild *erfunden* wird. Paare müssen sich, wie alle sozialen Systeme, auf gemeinsam geteilte Wahrheiten (Bleckwedel, 2008, S. 95) einigen und diese pflegen – andernfalls verliert die Beziehung an Bindungskraft und die Partnerschaft zerfällt irgendwann.

Ein gemeinsam geteilter, positiver Mythos über die Entwicklung als Paar verleiht einer Beziehung die nötige Kraft, um zukünftige Entwicklungsaufgaben zu bestehen. Ein solcher Mythos lebt allerdings von der Substanz einer Beziehung. Diese Substanz speist sich aus der Vielfalt und Reichhaltigkeit gemeinsam gemachter Erfahrungen und wächst mit dem Grad der gemeinsamen Bearbeitung des Durchlebten im Dialog. »Das Durchgearbeitete drängt zu Verwandlungen, zu Spiralen – etwas, das trägt und federt –, die Verdrängung führt zu Wiederholungen, zu konzentrischen Kreisen – etwas, das einengt und abstumpft«, schreibt Klaus Theweleit (1990, S. 14). Was für Individuen und größere Gemeinschaften gilt, gilt selbstverständlich auch für Paare. Das ganze gemeinsam erlebte Glück und Unglück, all die Fährnisse und gemeisterten Aufgaben, die leidenschaftlichen Auseinandersetzungen und die gelassenen Stunden langer Weile – mit der Zeit des Zusammenlebens wächst der Schatz gemeinsam gemachter Erfahrungen unaufhörlich. Die Aufgabe besteht darin, diese Erfahrungen gemeinsam durchzuarbeiten, um daraus, mit aller Gelassenheit, einer gehörigen Portion Humor und der angemessenen Ironie, einen starken Entwicklungsmythos zu schaffen.

Aus weniger mehr machen – gemeinsam in Würde älter werden

Es gibt Phasen der Expansion und des Mehrwerdens im Leben und Phasen des Rückzugs und des Wenigerwerdens. Partner, die länger zusammenleben, teilen beides miteinander. Anfangs durchleben Paare in der Regel Zeiten der Expansion und des Mehrwerdens: eine gemeinsame Wohnung wird bezogen, der Freundeskreis wächst, gemeinsame Projekte werden angeschoben, Kinder kommen, Gegenstände sammeln sich an, die Aufgaben wachsen. Solche Zeiten können sich auch später durchaus wieder ergeben: Enkelkinder werden geboren, eine späte Karriere führt zum Leben in zwei Städten, ferne Länder werden bereist, gesellschaftliche Aufgaben werden freiwillig übernommen.

Und doch geht es, wenn zwei miteinander älter werden, irgendwann auch darum, das Wenigerwerden miteinander zu teilen: Bestimmte Kräfte lassen nach, die vordergründige Attraktivität schwindet, kleine Zipperlein und größere Gebrechen schieben sich in den Vordergrund. Die gute Nachricht: Die Entwicklungsherausforderung steigt. Denn mehr werden ist in der Regel viel leichter als weniger werden. Das Wenigerwerden fällt uns einfach verdammt schwer.[12] Es könnte aber sein, dass *weniger werden* mit Bezug auf intimes Bezogensein in einer Partnerschaft tatsächlich *mehr* bringt. Wir werden bedürftiger und abhängiger voneinander, wenn wir gemeinsam älter und *weniger* werden, und das ist etwas sehr Intimes. Die gegenseitige Liebenswürdigkeit, die sich aus dem Verliebtsein speist, kommt hier ins Spiel und aus dem Erschrecken und der Traurigkeit über die Unerbittlichkeit des Verfalls können sich auch wahre Momente der Zärtlichkeit ergeben.

Zwei Drittel aller Ehen, so sagt es die Statistik, enden mit dem Tod eines Partners. Am Ende wird einer gehen und der andere zurückbleiben. Kann es einen intimeren Moment geben? Rafael Yglesias hat einen der wenigen Romane geschrieben, in denen es um eine glückliche und spannende Beziehung geht. Der Roman beginnt mit der Krebsdiagnose von Margaret und schildert aus der Perspektive Enriques eindringlich die intime Situation des Sterbens, während in Rückblenden die Geschichte der Beziehung erzählt wird: Irgendwann, nach vielen Jahren des Zusammenlebens, verbringt das Paar ein paar Tage in Venedig und es kommt in einem Restaurant zu einem jener intensiven Gespräche, die sich ergeben können, wenn zwei über ein Thema sprechen, das sie lange Zeit vermieden haben. Das Gespräch verläuft keinesfalls nur gemütlich, aber schließlich hat Enrique eine kleine Erleuchtung: »für einen Augenblick […] verstand er das Wesen seiner Ehe. An diesem sonnigen Nachmittag in Torcelleo begriff er, dass ihn Margarets Zufriedenheit über ihren Platz in der Welt ehrfürchtig machte, dass sie das war, was sich für ihn als dauerhaft erwiesen

---

12 Das zeigt sich nicht nur beim Älterwerden, sondern sehr deutlich bei einer langen Liste von Aufgaben, vor denen unsere Zivilisation momentan steht.

hatte. Sein Vater war gestorben, seine Eitelkeiten und sein Glaube an die Kunst waren dahin. Was er dem Leben an wahrem Wert abgewonnen hatte, war das, was sie ihm gegeben hatte« (Yglesias, 2010, S. 346).

Entwicklungsperspektiven: Den Wandel wagen

Wie sich die Qualität von Beziehungen entwickeln kann

Es scheint, dass wir oft Unbestimmtheit und Zufall verwechseln. Unbestimmtheit ist jene Freiheit, die sich auf jeder Ebene neu eröffnet, sich aber nicht über die Geschichte hinwegsetzen kann. Evolution ist die Geschichte einer sich entfaltenden Komplexität, nicht die Geschichte zufälliger Prozesse. Es beginnt sich das Bild einer Welt abzuzeichnen, in der nichts zufällig, vieles aber unbestimmt und in Grenzen frei ist.
Erich Jantsch, 1982

Die Entwicklung von Paarbeziehung wird von einer Vielzahl vorhersehbarer und unvorhersehbarer Ereignisse beeinflusst: Paare ziehen zusammen (oder nicht), Kinder kommen und gehen (oder nicht), Krisen werden bewältigt (oder nicht), jemand wird krank (oder nicht), ein Partner macht Karriere (oder nicht), das zweite Kind schläft durch (oder nicht), das erste kommt in der Schule klar (oder nicht), ein Umzug steht an, die besten Freunde ziehen weg – und so weiter. Es liegt nahe, Entwicklung mit den Veränderungen gleichzusetzen, die solche Lebensereignisse anstoßen oder anregen.[13] Auf einer Timeline erscheint Entwicklung vor allem als eine lineare Abfolge von Ereignissen: Stationen, die aufein-

---

13 Experten teilen die Paarentwicklung gern in Phasen ein: die meisten dieser Einteilungen orientieren sich am Familienzyklus (Carter und McGoldrick, 1980), am Älterwerden, an »life events« und an typischen Beziehungsdynamiken (Bader u. Pearson, 1988; Willi, 1991; Bank-Mugerauer, 2008; Retzer, 2011).

ander folgen, Herausforderungen und Aufgaben, die sich nacheinander stellen. Hilfreich ist eine solche Betrachtungsweise dann, wenn es darum geht, Rückschau zu halten oder einen Eindruck davon zu bekommen, was eventuell auf einen zukommen könnte, wenn man sich auf eine Beziehung einlässt. Und tatsächlich ist das Leben ja auch so, die Zeit schreitet unaufhaltsam voran, was geschieht, geschieht, gewissermaßen unerbittlich, und mit dem Geschehen verändern sich auch die Beziehungen. Nur – alle diese Veränderungen sagen für sich genommen kaum etwas über die *qualitative* Entwicklung einer Paarbeziehung aus.[14]

Paare erklimmen Gipfel, durchwandern Ebenen, in denen sich wenig tut, steigen in Täler hinab, wo der Zweifel die Protagonisten anspringt, durchleben Durststrecken und überwinden Hindernisse – und das alles passiert nicht einmal, sondern immer und immer wieder und immer wieder anders. Wer sich mit der Praxis des Zusammenlebens von Paaren näher beschäftigt, lernt nicht nur etwas über die Mannigfaltigkeit des Liebeslebens, er lernt vor allem, dass Entwicklung selten geradlinig verläuft. Es geht auf und ab, vorwärts, seitwärts und zurück. Entwicklungen verlaufen, da bilden Paarbeziehung keine Ausnahme, voller Windungen und Wendungen in seltsamen Schleifen und unordentlichen Spiralen. Stabile, eher ruhige Phasen wechseln sich mit instabilen, eher turbulenten Phasen ab, aus Chaos entstehen neue Ordnungen, und dabei werden die Muster der Kommunikation und Kooperation allmählich – »on the long and winding road« – komplexer.

Beziehungen können nur dynamisch, in einem ständigen Austausch- und Anpassungsprozess mit der Umgebung, die sich ebenfalls ständig wandelt, gelingen. Offenbar bleibt nichts, wie es ist, alles wandelt sich, auch Beziehungen sind immer im Fluss. Aber wie können sich Beziehungen permanent wandeln und doch

---

14 Die Geburt (oder der Tod) eines Kindes verändert sicher einiges in einer Beziehung, die Qualität der Beziehung kann sich aber, angestoßen durch das Ereignis, sehr unterschiedlich entwickeln. Ein Ereignis für sich genommen sagt also über die qualitative Entwicklung einer Beziehung tatsächlich (erst einmal) nichts aus!

eine unverwechselbare Gestalt bewahren? Was macht den bleibenden Charakter einer Paarbeziehung aus? Auf der Suche nach einer Antwort auf diese Frage gelangt man irgendwann dahin, dass es der *Entwicklungsprozess* selbst ist, auf den alles ankommt. Man kann sagen, dass sich die Identität einer Beziehung durch die Eigenheiten des Entwicklungsprozesses herausbildet. Keine Entwicklung gleicht der anderen, und doch können wir mit Hilfe des Modells Ähnlichkeiten und Gesetzmäßigkeiten in der Entwicklung von Paarbeziehungen erkennen. Darauf möchte ich nun näher eingehen.

Die Langzeitperspektive: Geschichtliche Entwicklungsaspekte

Richten wir zunächst die Aufmerksamkeit auf das Nacheinander der Entwicklung, also auf den langfristigen Verlauf einer Paarbeziehung. Paarsysteme beziehen sich in ihrer Entwicklung vor allem auf die eigene Entwicklung. Hier kommt also *Geschichtlichkeit* ins Spiel. Entwicklung bezieht sich immer auf vorherige Entwicklungen und baut auf diesen auf: Komplexere Strukturen und Muster gehen aus vorangegangenen Strukturen und Mustern hervor und dabei werden die alten Strukturen und Muster in den neuen aufgehoben. Auf diese Weise tragen biologische, psychische und soziale Systeme, obwohl sie sich ständig verändern, immer auch strukturell eine Spur ihrer eigenen Entwicklung in sich. Das ist die zentrale Idee der Epigenese.[15] Auf dem Hintergrund dieser

---

15 Das epigenetische Entwicklungsprinzip gilt für alle sozialen Systeme. Im Sommer 2014, als ich die Arbeiten zu diesem Buch abschloss, wurde die deutsche Fußballnationalmannschaft in Brasilien Weltmeister. Alles, was sich während dieser WM zeigte – Wille, Talent, Ehrgeiz, Teamgeist, Struktur, Eleganz, Effizienz und Leichtigkeit im Spiel, sympathisches Auftreten –, war das Ergebnis einer geplanten Aufbauarbeit, die spätestens im Jahr 2004 begann und durch die fußballerische Krise im Jahr 2000 ausgelöst wurde. Eine lange Entwicklung mit Windungen und Wendungen, die mit Fortune, dem Glück des Tüchtigen, zum Ziel führte. Mehr zur Epigenese finden Sie in Teil C.

Idee wird verständlich, warum bestimmte intensive Erlebnisse und Erfahrungen – das erste Verliebtsein, die erste Kennenlernphase, wichtige Wendepunkte und Schlüsselerlebnisse – für Paare so bedeutungsvoll sein können: Sie wirken weit in die Zukunft hinein, und zwar nicht nur im individuellen Erinnern von Bildern (Hüter, 2004) und Szenen (Bleckwedel, 2008, S. 205), sondern ebenso strukturell, indem sich bestimmte Transaktionsmuster herausbilden, die eine Beziehung ganz speziell organisieren.

Fortschreitende Integration: Formen des Bezogenseins, die auseinander hervorgehen und aufeinander aufbauen

Vielleicht wurde bei der Beschreibung der Entwicklungsbereiche in den vorherigen Kapiteln schon deutlich, wie unterschiedliche Formen des Bezogenseins auseinander hervorgehen können und aufeinander aufbauen. Paarbeziehungen entwickeln sich schrittweise, nach und nach, und jede neue Entwicklungsstufe ist das Ergebnis einer fortschreitenden Integration. Man kann sich diesen Entwicklungsaspekt am besten mit Hilfe von Ebenen verdeutlichen: Eine Liebesbeziehung beginnt mit dem sinnlichen Bezogensein, das wäre die Ebene eins. Wenn es weiter geht, käme das sprachliche Bezogensein hinzu, die Beziehung wird angereichert und irgendwann auf eine höhere Stufe gehoben: Auf der Ebene zwei verbinden sich sinnliches und sprachliches Bezogensein zu einer neuen, komplexeren Form des Bezogenseins. Und so weiter. Jede weitere Ebene schließt die vorhergehenden Ebenen mit ein, und mit jeder Stufe steigt die Komplexität des Bezogenseins. Formal lässt sich dieser Zusammenhang in etwa so abbilden (Tabelle 1):

Tabelle 1: Entwicklungsstufen und fortschreitende Integration des Bezogenseins

Ebene	Entwicklungsstufen des Bezogenseins
5	sinnlich & sprachlich & generativ & psychologisch & *intim*
4	sinnlich & sprachlich & generativ & *psychologisch*
3	sinnlich & sprachlich & *generativ*
2	sinnlich & *sprachlich*
1	*sinnlich*
	– → Zeit

Natürlich vollzieht sich diese Entwicklung allmählich in einem längeren, niemals abgeschlossenen Prozess mit vielen Rückkopplungseffekten und Feedbackschleifen. Dieser *rekursiv-zirkuläre Aspekt in der Entwicklung des Bezogenseins* lässt sich wie folgt veranschaulichen (Abbildung 9):

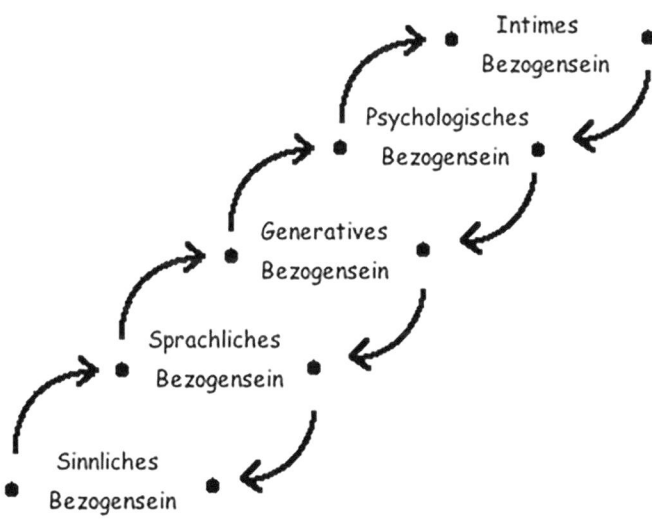

Abbildung 9: Der rekursiv-zirkuläre Aspekt in der Entwicklung des Bezogenseins

Formen des Bezogenseins, die sich entwickeln und zu einem integrierten Ganzen zusammenfügen

Betrachtet man die Entwicklung von Paarbeziehungen im Verlauf, dann rücken einzelne Formen des Bezogenseins zeitweise mehr in den Mittelpunkt, andere eher an den Rand. Beim ersten Verliebtsein dominiert in der Regel das sinnliche Bezogensein das Geschehen (Abbildung 10).

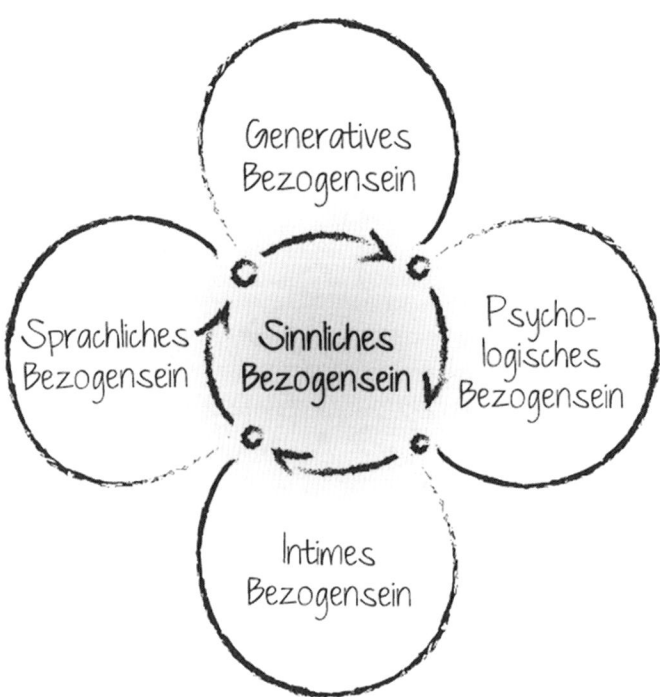

Abbildung 10: Sinnliches Bezogensein im Mittelpunkt

Später rückt vielleicht das sprachliche Bezogensein mehr in den Mittelpunkt usw. (Abbildung 11).

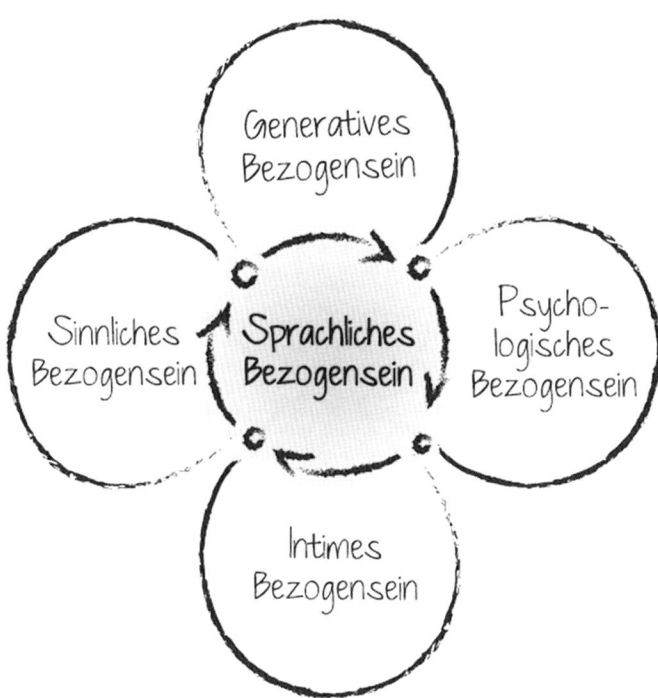

Abbildung 11: Sprachliches Bezogensein im Mittelpunkt

Da diese Entwicklung nie abgeschlossen ist, können einzelne Formen des Bezogenseins immer wieder zeitweise in den Mittelpunkt rücken. Für die Gesamtperformance ist wahrscheinlich entscheidend, wie gut sich alle Formen des Bezogenseins jeweils zu einem integrierten Ganzen zusammenzufügen (Abbildung 12).

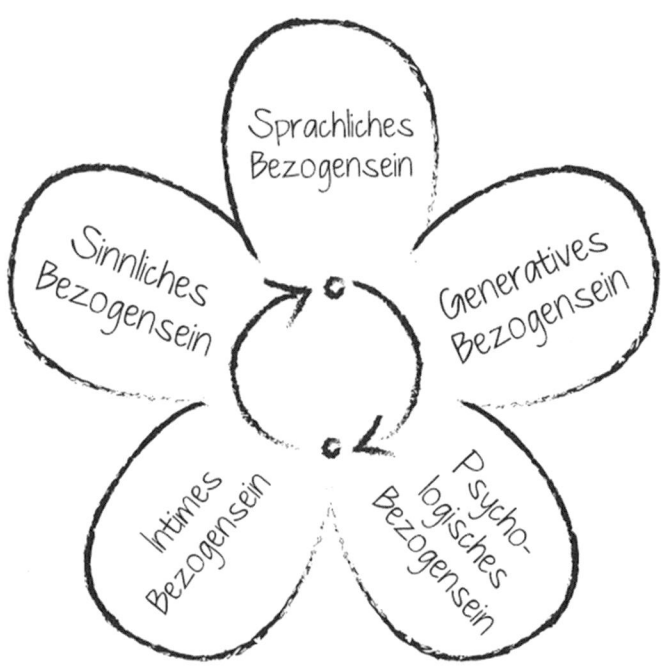

Abbildung 12: Formen des Bezogenseins als integriertes Ganzes

Entwicklungsbereiche, die sich zu bestimmten Zeiten entfalten und ergänzen

Mit den Formen des Bezogenseins entfalten sich die entsprechenden Entwicklungsbereiche: Zu bestimmten Zeiten stehen einzelne Entwicklungsbereiche also ganz besonders im Vordergrund. Man kann von besonderen *Entstehungszeiten* (vgl. Stern, 1993) sprechen. Eine besonders intensive Phase des Aushandelns von Gegenseitigkeit beginnt zum Beispiel meist (noch einmal) dann, wenn die gemeinsame Lebenswelt weitgehend aufgebaut ist und gleichzeitig deutlich wird, dass die Entwicklung zweier eigenständiger Persönlichkeiten *und* die Entwicklung von Zweisamkeit nicht ohne Widersprüche verläuft (natürlich können intensive Phasen des Aushandelns von Gegenseitigkeit auch anders angestoßen werden, zum Beispiel wenn Ereignisse eintreten, die den Bestand einer Beziehung in Frage stellen). Diesen Zusammenhang verdeutlicht Abbildung 13 (die Punkte in der Grafik markieren Entwicklungssprünge).

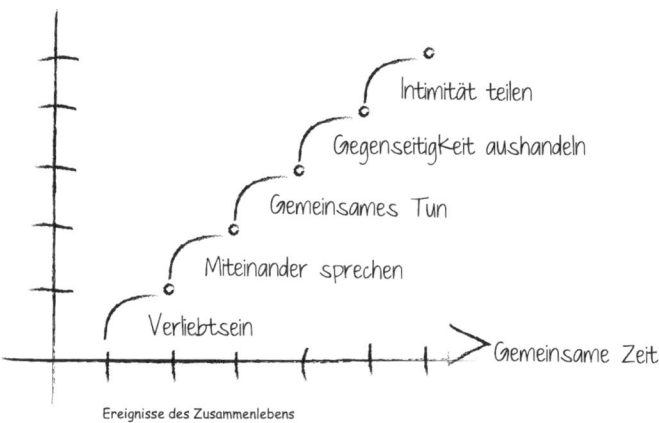

Abbildung 13: Aufeinander aufbauende Entwicklungsbereiche, Entstehungszeiten und Entwicklungssprünge

Mit der Zeit bilden die unterschiedlichen Bereiche, wenn sie weiterhin mit Leben gefüllt und gepflegt werden, ein integriertes Ganzes (Abbildung 14).

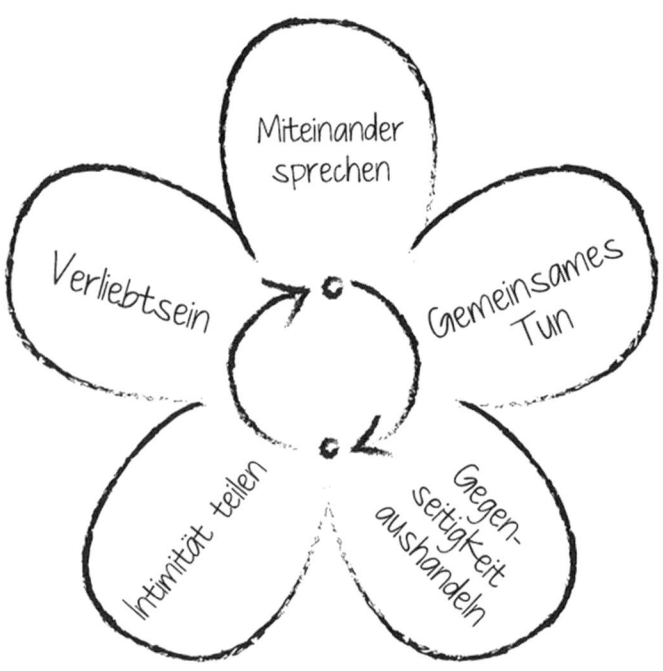

Abbildung 14: Die Entwicklungsdimensionen als integriertes Ganzes

Kritische Übergänge und Entwicklungssprünge

Übergänge von einer Entwicklungsstufe zur nächsten sind immer kritisch, weil etablierte Strukturen und Muster sich auflösen und neue Strukturen und Muster sich noch nicht gefestigt haben.[16] Entwicklung zeigt sich daher in Krisen und »Unruhe(n)« und ist mit Entwicklungssprüngen verbunden (von einer Ebene auf die andere). Zuständen fern vom Gleichgewicht (Chaos, Durcheinander, Instabilität, Disharmonie, Ungewissheit) sind nicht immer leicht auszuhalten, sie sind für Entwicklung aber ebenso notwendig wie Zustände nah am Gleichgewicht (Struktur, Klarheit, Stabilität, Harmonie, Gewissheit). Entwicklung erfordert Mut (die Überwindung von Ängsten), weil der Sprung auf eine qualitativ höhere Entwicklungsstufe tatsächlich mit einem Risiko verbunden ist: Im Moment des Springens kann tatsächlich keiner sagen, wo genau ein Paar landen wird. So notwendig und wichtig Momente der Gewissheit für die Entwicklung sind, so unvermeidlich und notwendig sind Momente der Ungewissheit. Immerhin bietet ein Entwicklungsmodell, wie ich es hier vorschlage, die Möglichkeit, sich im Entwicklungsprozess zu orientieren und Beziehungskrisen als Entwicklungskrisen (vgl. Willi, 1996; Jellouschek, 1998) zu verstehen.

Die Kurzzeitperspektive: Gleichzeitige Entwicklung

Zusammenspiel und Ausgewogenheit

Im Beziehungsalltag tauchen alle Formen des Bezogenseins mehr oder weniger gleichzeitig auf: Im Durcheinander des tatsächlichen Zusammenlebens mischen sich also die Formen des Bezogenseins. Schnelle Wechsel, Überlappungen, Kippprozesse, mehr oder weniger elegante Volten und unvorhergesehene Kapriolen bestimmen das Geschehen. Für das Empfinden im Hier und Jetzt einer Beziehung ist vermutlich wichtig, wie gut die unterschiedlichen

---

16   Systemtheoretiker sprechen von Veränderungen zweiter Ordnung, also Veränderungen, die den Rahmen des bisher bestehenden Systems sprengen.

Formen des Bezogenseins in einer bestimmten Lebenssituation zusammenspielen. Natürlich überwiegen zu bestimmten Zeiten bestimmte Formen des Bezogenseins, die Verteilung wird selten vollkommen ausgeglichen sein, und doch hat Qualität wahrscheinlich etwas mit Ausgewogenheit zu tun.

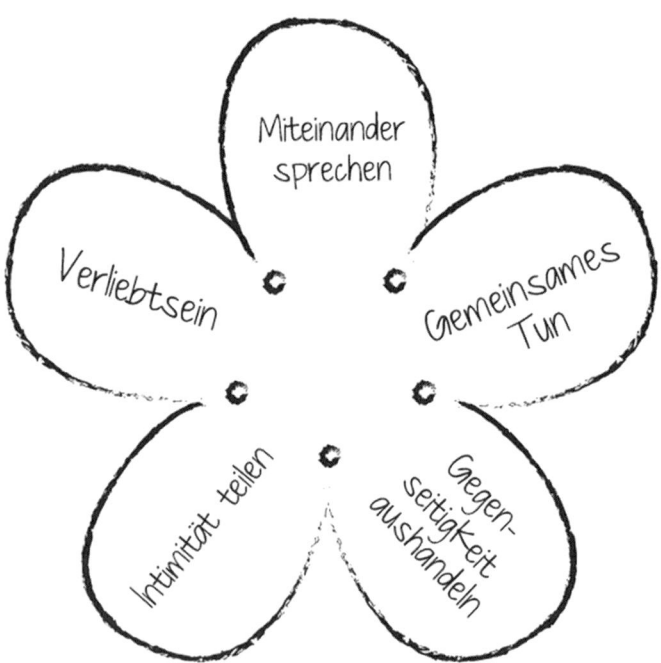

Abbildung 15: Vermischung und Ausgewogenheit der Formen des Bezogenseins

Turbulentes Geschehen sorgt für Lebendigkeit und wirkt der Erstarrung entgegen. Genauso wichtig ist, dass sich verlässliche Strukturen und ritualisierte (flüssige, klare) Verlaufsmuster herausbilden, die stimmig sind, Freude bereiten und Sicherheit verleihen.

Sensible Übergänge

Bestimmte Wechsel können sich als sensibel erweisen, vor allem, wenn es unterschiedliche Vorstellungen über die Schrittfolge in der Interaktion gibt. (Der Klassiker illustriert das ganz gut: Er bevorzugt die Schrittfolge *erst schmusen, dann sprechen,* sie favorisiert die Schrittfolge *erst sprechen, dann schmusen.)* Der Flow im Geschehen kann durch unterschiedliche Prozessvorstellungen empfindlich gestört werden, und das führt nicht selten zu fatalen Missverständnissen und Verwicklungen. Bestimmte Übergängen erfordern offenbar eine besonders aufmerksame Abstimmung: Rahmung, Passung und Timing müssen stimmen.

Den Wandel gelassen und leicht, bewusst und aktiv gestalten

> *Take all your chances while you can,*
> *you never know when they'll pass you by.*
> Athelete, 2005

Das Modell, das ich hier vorschlage, eröffnet im Wesentlichen zwei Perspektiven für die Entwicklung von Paarbeziehungen:

a) Die *Langzeitperspektive* zeigt, wie die fünf Entwicklungsbereiche *nacheinander* entstehen, auseinander hervorgehen und sich allmählich entfalten können.

b) Die *Kurzzeitperspektive* zeigt, wie sich die Entwicklungsbereiche *gleichzeitig* entwickeln und im Zusammenspiel wechselseitig ergänzen können. Das Modell verschränkt also zwei wesentliche Entwicklungsperspektiven miteinander und ordnet sie in einen übergeordneten systemischen Zusammenhang ein.

Auf diese Weise gerät die Entwicklung der Qualität von Beziehungen in den Fokus der Aufmerksamkeit. Die Qualität von Beziehungen kann sich entwickeln, nicht nur, weil neue Dimensionen dazukommen, sondern auch, weil jede neue Dimension wechselseitig zur Vertiefung und Erweiterung der anderen beiträgt. Die Akteure können sogar, wenn sie gemeinsam kreativ werden, die Spielräume für Entwicklung erweitern und ausdehnen. Mit anderen Worten: Im Rahmen ihrer Geschichtlichkeit sind Paare bis zu einem gewissen Grad (und selbstverständlich abhängig von den Kontexten) frei darin, den Rahmen zu bestimmen und zu gestalten, in dem sie sich entwickeln wollen und können – allerdings nur, das ist die Kehrseite der guten Nachricht, *wenn* sie gemeinsam den Wandel, der sich sowieso unwillkürlich vollzieht, bewusst und aktiv gestalten.

Paare, die ihre Beziehung als Liebesbeziehung lebendig halten und entwickeln wollen, müssen immer wieder die Courage aufbringen, durch »Unruhen« die Beziehung zu riskieren. Entwicklung kann nur gelingen, wenn beide den Gedanken wach halten, notfalls, bei allem Schmerz, auch ohne *diese* Beziehung leben zu können. Das klingt weniger paradox, wenn man sich klar macht, dass anderenfalls die Angst vor dem Verlust übermächtig werden kann, und gerade diese Angst blockiert Entwicklung (z. B. den Sprung auf eine nächsthöhere Ebene der Integration).

Selbstverständlich gibt es auch ruhige und maue Phasen in der Entwicklung von Paarbeziehungen, es muss nicht immer beschleunigt zugehen. Selbst Durststrecken und Rückschläge sind ganz normal und kein Grund zur Beunruhigung, wenn sie vorübergehen. Das Liebesleben, auch das Begehren kann wiederbelebt werden (vgl. Schnarch, 2014). Anhaltende Blockaden können allerdings gefährlich werden, die Partner verlieren die Lust aufeinander und schließlich, hält der Stillstand in der Entwicklung an, löst sich das Verliebtsein unwiederbringlich auf. Da hilft kein Feuerwerk mehr.

Das Ende des Verliebtseins muss natürlich nicht das Ende einer Paarbeziehung bedeuten. Die Beziehung kann fortgeführt werden, wie immer die gemeinsame Definition dann lauten mag. Eine solche Transformation in eine andere Kategorie von Beziehung kann durchaus passend und vernünftig sein. Wenn *zwei* das wollen, was könnte dagegen sprechen? Ein neues Arrangement bedeutet auch nicht unbedingt das Ende einer zugewandten, wertschätzenden Beziehung: Zwei können weiter miteinander sprechen, kooperieren, Spaß haben. Nur mit dem Verliebtsein ist es dann, jedenfalls in dieser Beziehung, vorbei.

Wie auch immer, wenn zwei ihre Liebesbeziehung als gemeinsames Entwicklungsprojekt behandeln, dann gibt es eine gute Chance, dass die Beziehung kontinuierlich gehaltvoller wird und an Qualität gewinnt. Schließlich – was könnte beglückender sein als die Erfahrung, sich gemeinsam in der Liebe zu entwickeln? Mit den Jahren wird das Fundament stabiler, die Beziehung trägt und federt, das Meiste scheint ganz leicht und allmählich macht sich eine gewisse Gelassenheit bemerkbar.

Das Glück, als Paar zu leben – ein Ausblick

*Wenn man glaubt, alles sei möglich, muss man
mit dem Schlimmsten rechnen, und umgekehrt,
wenn man glaubt, alles sei möglich,
darf man vom Schönsten träumen*
Holger Gertz, 2014

In einem Interview mit einem jüngeren Kollegen sagt der amerikanische Philosoph John Searle (2014): »Mein Rat wäre: Nehmen Sie sich Fragen vor, die Sie ernsthaft beunruhigen. Fragen, die Sie wirklich nachts um Ihren Schlaf bringen. Und arbeiten Sie mit Leidenschaft an ihnen«. Kann Verliebtsein überdauern? Können sich Liebesbeziehungen dauerhaft entfalten? Ich glaube, diese Frage lässt sich tatsächlich mit einem klaren Ja beantworten. Wie dies im Einzelfall genau aussehen kann, habe ich in *diesem* Buch ganz bewusst offen gelassen. Das Entwicklungsmodell, das ich hier vorschlage, soll den Blick weiten und schärfen für die unendlich vielen Möglichkeiten, Paarbeziehungen zu gestalten und zu entwickeln. Jeder kann das Modell als Instrument nutzen, um in jedem einzelnen Fall genauer zu erfassen, wie sich eine Beziehung bisher entwickelt hat und wie eine weitere Entwicklung aussehen könnte. Wenn zwei das Verliebtsein genießen und dann auseinander gehen, weil für sie Begehren und Dauerhaftigkeit nicht zusammenpassen – warum nicht? Und wenn zwei an der Gegenseitigkeit scheitern und sich trennen, ist das vielleicht die bessere Lösung. Nur – das Modell zeigt eben auch, wie eine Liebesbeziehung sich transformieren könnte und wo Entwicklungspotenziale liegen.

Die Idee, dass sich Liebesbeziehungen bis ins hohe Alter weiterentwickeln können, wirkt einerseits befreiend – andererseits werden mit einem Modell, das zeigt, wie das gelingen kann, auch die Herausforderungen deutlich. Die Summe gemeinsamer Entwicklungsaufgaben könnte schwindlig machen. Erhöht das nicht den permanenten Druck zur Selbstoptimierung, der in der Postmoderne sowieso schon bleischwer auf den Menschen lastet? Diese Frage habe ich mir beim Schreiben tatsächlich oft gestellt und das zeigt, dass Bedenken nicht ganz unberechtigt sind. Andererseits: Stellen wir nicht hohe Anforderungen an alles Mögliche, zum Beispiel an die Smartphones, die wir nutzen, und verwenden wir nicht einige Mühe und Energie darauf, die virtuellen Welten, die mit diesen kleinen Maschinen in unser Leben drängen, zu bedienen und zu optimieren? Warum sollten wir unsere Qualitätsansprüche ausgerechnet bei der Pflege und Entwicklung von Beziehungen niedriger ansetzen? »Man ringt sich nur über die große Anstrengung zur Leichtigkeit durch«, notiert der Komponist Ralph Benatzky (2002) in sein Tagebuch.

Aber natürlich sind die Herausforderungen im Umgang mit menschlichen Beziehungen weit höher als im Umgang mit irgendwelchen Geräten. Die Logik des Modells, so hoffnungsvoll es stimmen mag, offenbart ja eine fast brutale Wahrheit: Zwei (!) müssen immer wieder den Mut zur Authentizität aufbringen und ihre Beziehung zu riskieren, wenn die sich weiterentwickeln soll. Ein Risiko, das nicht einseitig zu kontrollieren ist und umso schwerer wiegt, je länger eine Liebesbeziehung dauert und an Bedeutung zunimmt. Es ist sehr gut nachvollziehbar, wenn Menschen diese Herausforderung scheuen und einen anderen Weg, mit anderen Risiken (!), wählen. Beziehungen können von Anfang an pragmatischer und mit weniger Anspruch konzipiert werden und Liebesbeziehungen können (auch später) in andere Beziehungskategorien überführt werden: »Vernunftehen«, eher nüchterne oder geschwisterliche Lebensgemeinschaften, oder Beziehungen, in denen Sex, Begehren und Abenteuer ausgelagert werden. Das lässt sich im Modell gut abbilden und auch hier sind die Gestaltungsspielräume weit größer, als gemeinhin angenommen wird. Das Ende des Verliebtseins *muss* nicht die Trennung bedeuten. Nur eben – eine Liebesbeziehung mit Leidenschaft und all dem, was Verliebtsein ausmacht, wäre es dann nicht mehr.

Ich habe in diesem Buch die Möglichkeiten des Gelingens dauerhafter Liebesbeziehungen betont, aber natürlich zeigt das Modell dem nüchternen Betrachter ebenso gut, was weniger gut gelingt, wo Defizite liegen und wie Entwicklung blockiert wird. Die Möglichkeit des Gelingens schließt immer die Möglichkeit des Misslingens ein. Auch intensive Beziehungen, die einmal glücklich waren, können, entgegen aller Hoffnung und trotz großer Mühen, am Ende misslingen oder zerbrechen. In der Trennung liegt vielleicht, irgendwann, etwas Befreiendes und doch tut Trennen immer weh und schlägt Wunden. Ich möchte nur zu bedenken geben: Wir haben es nicht in der Hand! Wir können uns Zeit nehmen, wir können uns engagieren, wir können an uns arbeiten, wir können verantwortungsbewusst handeln, aber wir können das Überleben einer Liebe nicht erzwingen. Wer es wagt, eine Liebesbeziehung zu leben, der fordert das Schicksal heraus und der Ausgang bleibt ungewiss. Am Ende ist die Liebe pures Glück und nichts weiter als ein Geschenk. Das ist nicht fair, die Liebe ist, wie das Schicksal, nicht gerecht, den einen fällt sie zu, den anderen nicht. Das ist tragisch und schwer auszuhalten, aber wir müssen damit leben. Klar, wir neigen dazu, die Dinge von ihrem Ende her zu betrachten und zu bewerten, und in Momenten des Scheiterns wirkt alles vergebens. Aber das stimmt natürlich nicht. Vor dem Unglück war Glück und wer wären wir, dass wir behaupten könnten, dass es niemals da war oder nicht doch noch einmal um die Ecke kommt.

Das Glück und das Unglück, der Erfolg und der Misserfolg, der Triumph und die Tristesse – sie liegen eng beieinander und gehören zusammen. Es klingt wie billiger Trost, aber am Ende zählt die Courage, es versucht zu haben oder es noch einmal zu versuchen.

Wie hoch ist die Wahrscheinlichkeit eines guten Gelingens? Wir wissen darüber wenig, aber eine kleine Hochrechnung sei hier erlaubt: Von zehn Paaren trennen sich im Schnitt vier,[17] sechs Paare bleiben zusammen. Nehmen wir an, von diesen sechs bleiben zwei Paare in einer eher unglücklichen Beziehung gefangen (die Tragik dieser Paare liegt darin, dass sie zusammenbleiben), zwei Paare führen eine weitgehend zufriedenstellende Beziehung, die übrigen zwei Paare leben eine in weiten Teilen glückliche Beziehung.[18] Nehmen wir weiterhin an, von den acht Personen (aus vier Partnerschaften), die sich trennen, finden vier eine neue dauerhafte Partnerschaft, die gelingt. Die kleine Überschlagsrechnung ergibt dann immerhin, dass von zwanzig gestarteten Personen rein statistisch gesehen mindestens zwölf eine gute Chance haben, eine gelingende Beziehung zu erleben: Eine Beziehung, die andauert, die sich mit der Zeit vertieft, gehaltvoller wird und an Qualität gewinnt.

Angenommen, es gibt Momente des glücklichen Zufalls, in denen sich zwei Menschen begegnen, die sich gegenseitig vervollständigen könnten. Solche Momente sind vielleicht kein schierer Zufall, aber sie hängen, ob wir es glauben mögen oder nicht, von unendlich vielen Zufällen ab. Einerseits zeigt in solchen Augenblicken der Zufall seine Macht, andererseits müssen zwei bereit sein, die Gunst des Schicksals zu nutzen. Wenn zwei eine Liebesbeziehung leben wollen, müssen sie dem Glück, als Paar zu leben, eine Chance einräumen, sich zu realisieren. Aber vergessen wir nicht, es könnte – dieses Mal – auch ein Irrtum sein. Erst wenn eine Beziehung bestimmten Prüfungen standhält und Entwicklung gelingt, wird aus einem glücklichen Umstand eine glückliche Fügung: *Fortune*.

Nehmen wir an, zwei versuchten ihr Glück in einer auf Dauer angelegten Liebesbeziehung, was könnte, neben Fortune, ein Gelingen wahrscheinlicher machen? Auf dem Hintergrund des

---

17 Ich vernachlässige hier den möglichen, aber nicht wahrscheinlichen Unterschied zwischen Beziehungen mit und ohne Trauschein (statistisch nicht erfasst).
18 Ich wende hier einfach und grob die bekannte Drittelungsregel an.

Modells können, mit aller gebotenen Skepsis, ein paar allgemeine Aussagen gewagt werden:

- Die Partner passen grundlegend zueinander.
- Beide Partner bringen ein gewisses Maß an Beziehungstalent mit, also die Fähigkeit, Beziehung zu leben, vor allem aber die Bereitschaft, Beziehungsfähigkeiten zu entwickeln.
- Beide Partner entscheiden sich für die Beziehung, weil der andere in den *eigenen* Augen etwas Besonderes darstellt.
- Beide Partner betrachten die Beziehung als gemeinsames Entwicklungsprojekt und engagieren sich entsprechend.
- Die Partner verbindet der Wille, die Qualität der Beziehung gemeinsam zu entwickeln.

Fortune, Passung, Talent, Entscheidung, Besonderheit, Engagement und *Wille* machen das Gelingen einer Partnerschaft wahrscheinlicher. Natürlich hängt die Entwicklung von Paarbeziehungen auch von den kulturellen und mentalen Kontexten ab. Freiheit und Gleichheit spielen in der Liebe eine wichtige Rolle. Freiheit entsteht, wenn Paare frei aushandeln können, worin Freiheit bestehen soll. In einem solchen Aushandlungsprozess werden die Freiheiten des einen durch die *gleichen* Freiheiten des anderen begrenzt. Gleichwertigkeit, Unabhängigkeit und gleiche Einflussmöglichkeiten sind also von Anfang an ein Teil der Freiheit, von der hier die Rede ist. Der Weg der Geschlechter dorthin ist weit und doch verbessern sich ohne Zweifel an vielen Orten der Erde die Bedingungen, eine Liebesbeziehung frei und selbstbestimmt zu gestalten. Aber was ist mit den ökonomischen und sozialen Rahmenbedingungen? Ich denke vor allem an Paare mit Kindern. Tun wir als Gesellschaft wirklich alles, um das Elternsein, und damit auch das Paarleben, zu einer Quelle der Freude zu machen? Da bleiben doch viele Wünsche offen! Aber auch wenn keine Kinder da sind: Wie viel Raum für die Entwicklung einer guten Paarbeziehung gewährt das moderne Leben wirklich?

Die Faszination, die von Liebesbeziehungen ausgeht, sollte nicht blind machen für die Auswirkungen gesellschaftlicher Verhältnisse. So, wie die Dinge im Moment laufen, wird die moderne Gesellschaft gespalten (Piketty, 2014; Packer, 2014): Während sich für einige wenige enorme Räume auftun, verengen sich für viele Menschen die Gestaltungsspielräume und Zukunftsperspektiven (obwohl eine allgegenwärtige Werbung permanent das Gegenteil suggeriert). Die Verführung ist groß, sich aus der Polis zu verabschieden und ins Private zurückzuziehen: das kleine Glück als Religion, die schöne Partnerschaft als Tempel. Die paradoxe Folge der Weltflucht besteht aber darin, dass die Gesetze einer Welt, die mit aller Macht auf den Handel mit Waren ausgerichtet wird, immer mehr ins Private eindringen – und dort die Spielräume zerstören! Die tiefgehende Ökonomisierung aller Lebensbereiche tut der Liebe nicht gut.

Die Liebe lebt von genügend Zeit und Raum fürs Zusammensein, aber auch von Pausen, Momenten der Stille, Muße, Abstand und der Geduld, die notwendig ist, damit sich die Dinge allmählich in ihrer Zeit entwickeln können. Insofern ist die Liebe auch subversiv, sie sprengt die Borniertheiten des Marktes und öffnet den Sinn für die Möglichkeiten des Zusammenseins. Der Möglichkeitssinn, das ist nach Musil die Fähigkeit, »alles, was ebenso gut sein könnte, zu denken und das, was ist, nicht wichtiger zu nehmen als das, was nicht ist« (Musil, 1978, S. 16). Das Entwicklungsmodell, das ich hier vorschlage, ist genau jenem »bewussten Utopismus« verpflichtet, »der die Wirklichkeit nicht scheut, wohl aber als Aufgabe und Erfindung behandelt« (Musil, 1978, S. 16). Die Empiriker fragen wahrscheinlich: Hat er das untersucht, wo sind die Belege? Und ich antworte gern: Findet sie doch! Die Träumer hingegen werden sagen: Selbst wenn es glückliche Beziehungen, die sich dauerhaft entwickeln, gar nicht gäbe, wer sagt uns denn, dass unsere Vorstellungskraft sie nicht morgen Wirklichkeit werden lässt? Die Liebe ist, darin gleicht sie der Wissenschaft, zu einem guten und vielleicht besseren Teil Fiktion.

Rudern zwei

Rudern zwei
ein boot,
der eine
kundig der sterne,
der andre
kundig der stürme,
wird der eine
führn durch die sterne,
wird der andere
führn durch die stürme,
und am ende ganz am ende
wird das meer in der erinnerung
blau sein

Reiner Kunze[19]

---

19   Reiner Kunze, rudern zwei. Aus ders., gespräch mit der amsel. © S. Fischer
Verlag GmbH, Frankfurt am Main 1984.

Teil C:
Auf dem Weg zu einem Entwicklungs-
modell – einige Bausteine

Entwicklungsdimensionen und Formen des Bezogenseins: Eine tabellarische Übersicht

Tabelle 2: Entwicklungsdimensionen und Formen des Bezogenseins

Entwicklungs-dimension	Formen des Bezogenseins	Welt
Verliebtsein	sinnliches Bezogensein	die belebende Welt der Erotik
Miteinander sprechen	sprachliches Bezogensein	die Welt der kommu-nikativen Abstimmung
gemeinsames Tun	generatives Bezogensein	die Welt der kreativen Kooperation
Gegenseitigkeit aushandeln	psychologisches Bezogensein	die Welt der bezoge-nen Individuation
Intimität teilen	intimes Bezogensein	die Welt gemeinsam geteilter Erfahrungen und Geschichten

Gemeinsame Entwicklungsaufgaben: Eine Liste

Erste Dimension: Verliebtsein

- raus aus dem Dilemma – zusammen die Grenzen romantischer Vorstellungen überschreiten
- eine Entscheidung treffen
- gemeinsam enttäuschungsfähiger werden
- auf sich und den anderen achten und attraktiv bleiben
- mit Untreue in Fantasie und Realität umgehen
- zwischen Zärtlichkeit und Begehren einen eigenen Weg finden
- eine eigene erotische Kultur entwickeln
- gegenseitige Liebenswürdigkeit entwickeln

Zweite Dimension: Miteinander sprechen

- einen Rahmen aus gegenseitigem Respekt bauen
- Zeiten zum Miteinandersprechen einplanen und freihalten
- Metakommunikation entwickeln
- Gesprächsarten unterscheiden und sich passend zur Situation einrichten
- kommunikative Grenzen installieren und wahren
- Teamgeist zeigen

Dritte Dimension: Gemeinsames Tun

- Lebenswelten gemeinsam gestalten und dynamisch verändern
- sich im Alltag miteinander einrichten
- sich auf ein passendes Basismodell einigen

- das dritte Element – Kinder und andere gemeinsame Projekte
- gemeinsam Verantwortung übernehmen und Arbeit fair verteilen – Besen, Herd und andere Sachen
- ein starkes Team bilden

Vierte Dimension: Gegenseitigkeit aushandeln

- Auseinandersetzungsfreude entwickeln
- für gegenseitigen Respekt und eine wertschätzende Grundstimmung sorgen
- emotionale Abstimmung – zwischen Binden und Lösen in Bewegung bleiben
- Thrill – Angst und Lust in der Schwebe halten
- Sich gegenseitig besser kennen lernen
- annehmen, was fehlt
- annehmen, was bleibt
- Positionen wechseln und Rollen tauschen
- psychologische Verwicklungen verstehen und für Entwicklung nutzen
- gemeinsame und persönliche Verantwortung entwickeln

Fünfte Dimension: Intimität teilen

- gemeinsam Geschichtlichkeit entwickeln
- aus weniger mehr machen – gemeinsam in Würde älter werden

Kommentiertes Glossar: Theoretische Bausteine und maßgebende Autoren

Keine Modellbildung, kein Schreiben, ist voraussetzungslos. Eine ausführliche Darstellung finden interessierte Leser in dem Theorieband »Paarbeziehungen: Ein systemisches Entwicklungsmodell«, der im nächsten Jahr erscheint. Die wichtigsten Stichworte, Begriffe, Autoren und Überlegungen sollten aber schon in diesem Buch genannt werden. Hier der kompakte Überblick.

Zwischenmenschliche Beziehungen, kreative Kooperation, Koordination, Kommunikation

Martin Buber (1962, 1979) hat schon früh *das dialogische Prinzip* hervorgehoben: Zwischenmenschliche Begegnung im Dialog ist für Buber konstitutiv für die menschliche Existenz. Jakob Levi Moreno (1954), der Begründer des Psychodramas und der Soziometrie, hat die Idee der *Begegnung* nicht nur durch die Konzepte von *Rollentausch* und *Tele (Zweifühlung)* in *Aktion* umgesetzt, sondern auch theoretisch vertieft und verfeinert (Buer, 1989). Damit hat er weitgehend vorweggenommen, was heute im Rahmen der *Theory of Mind* unter dem Stichwort *Mentalisierung* (Fonagy, 1997; Fonagy, Gergely, Jurist u. Target, 2011) genauer beschrieben und erforscht wird. Helm Stierlins (1971, 1989, 2001) Konzept der *bezogenen Individuation* beeinflusste die Entwicklung von Familienforschung, Familientherapie und systemischer Therapie nachhaltig. In erweiterter Form (bezogene Individuation^{x2}) findet sich das Konzept im Modell wieder. Mit Humberto Maturana (Maturana u. Varela, 1987; Maturana u. Verden-Zöller, 1993) teile ich die Überzeugung, dass man, wenn man *Menschen als lebende*

Personen (*Subjekte,* Akteure, Individuen) theoretisch ausklammert, sich nicht (!) mit *sozialen Phänomenen* beschäftigt. Insofern basiert Niklas Luhmanns kommunikative Theorie sozialer Systeme (1987), so brillant und anregend sie auch erscheinen mag, auf einem fundamentalen Irrtum. Wer das *Subjektive* theoretisch wegzaubert oder hinter einem begrifflichen Vorhang verschwinden lässt, begeht meiner Ansicht nach einen fatalen theoretischen Fehler. Im Gegensatz dazu nimmt das Modell, das ich hier vorschlage, auch wenn es auf Beziehungsmuster fokussiert, das *transaktionale* (Wynne, 1985) oder *soziale Feld* (Bleckwedel, 2008), das durch die Personen erzeugt wird, mit in den Blick: Der Begriff *Transaktionsmuster* schließt in dieser Vorstellung die an den Transaktionen beteiligten Personen ausdrücklich ein, die *Subjekte* als *verantwortlich handelnde Personen* bleiben auf der theoretischen Bühne erkennbar (wie im interpersonellen Ansatz von Harry Stuck Sullivan (1980) oder der *Theorie des kommunikativen Handelns* von Jürgen Habermas (1988). Maturana beschreibt menschliches Beziehungsgeschehen treffend als »Coordination of Coordination of Behaviour and Emotion« (Maturana u. Verden-Zöller, 1993). Diese Idee gehört zum theoretischen Unterbau des Modells, in dem die Konzepte *Koordination* (Bleckwedel, 2000), *kreative Kooperation* (Bleckwedel, 2008) und »shared attention« (Tomasello u. Zeidler, 2010; Tomasello u. Schröder, 2011) eine zentrale Rolle spielen, in denen das Subjektive aber gleichwohl aufgehoben bleibt.

Paarbeziehungen, Themen in Partnerschaften, Dynamik von Liebesbeziehungen

Ein Schreiben über Paarbeziehungen, ohne sich auf die Ideen von Jürg Willi (1978, 1991, 2007) zu beziehen, wäre im deutschsprachigen Raum wohl kaum möglich. Die Gedanken dieses Pioniers der Paartherapie sind vor allem in das Kapitel über Gegenseitigkeit eingeflossen. Willi hat sein Denken immer wieder selbstkritisch hinterfragt und theoretisch einen bemerkenswerten Wandel vollzogen: von einem eher psychoanalytisch-pathologieorientierten

(1978) hin zu einem *ökologisch- entwicklungsorientierten Denken* (1996, 2007). Gerade deshalb bleiben viele seiner frühen Ideen aktuell. Boszormenyi-Nagy (Boszormenyi-Nagy u. Krasner, 1986; Boszormenyi-Nagy u. Spark, 2001) hat mit seinem kontextuellen Ansatz einen fundamental wichtigen Beitrag zur *Beziehungsethik* (Simon u. Stierlin, 1984) geleistet. Ethik ist bei ihm keine Ansammlung moralischer Werte, sie besteht vielmehr in der Eigenschaft menschlicher Systeme, nach Gerechtigkeit und *Fairness* zu suchen: Das Streben nach einem *Ausgleich von Geben und Nehmen* ist offenbar ein wesentlicher Ordnungsfaktor in menschlichen Beziehungen (Weihe-Scheidt, 2001). Rosemarie Welter-Enderlin hat zu meiner Freude schon früh eine Verbindungslinie zwischen *Leidenschaft und langer Weile* (1995) gezogen und die Bedeutung von *Emotionen* betont (1998, zusammen mit Bruno Hildenbrand), lange bevor dies, ausgelöst durch Erkenntnisse der *Neurobiologie,* auch im systemischen Feld zum Trend wurde. Judith Wallerstein habe ich erst spät, mitten im Schreiben, entdeckt: Ihre *Pionierarbeit* über *gelingende Beziehungen* (Gute Ehen, 1996) kann kaum hoch genug eingeschätzt werden und wurde für mich zu einer Quelle der Bestätigung und Inspiration. Bei Hans Jellouschek (1998, 2010) gefällt mir die Betonung von *Dauer* und *Tiefe.* Das Buch von Niklas Luhmann über *Liebe als Passion* (1994) eröffnet einen etwas anderen, wie ich meine, wichtigen *soziologischen Blickwinkel.*

Dynamik und Entwicklung lebender und komplexer Systeme

Niemand hat mein Denken so tief beeinflusst wie Gregory Bateson (1981, 1982; Bateson u. Bateson, 1983). Die im Modell explizit und implizit enthaltenen Vorstellungen über *Koevolution, Muster, die verbinden, Kontextsensibilität, logische Ebenen* und *Zirkularität* gehen alle auf diesen Mitbegründer des *ökosystemischen Denkens* zurück. Eine moderne Theorie über menschliche Beziehungen muss meiner Ansicht nach gut vereinbar sein mit *systemischen Theorien* über *lebende Systeme* (u. a. Bateson, 1981; Maturana u.

Varela, 1987; Maturana u. Verden-Zöller, 1993; Hüther, 1999, 2004; Simon, 1997) und mit Theorien über *komplexe offene adaptive Systeme* (Haken, 1987, Haken u. Schiepek, 2006; Lewin, 1993; Füllsack, 2011). Ich glaube allerdings, dass wir, wenn wir über die *Entwicklung menschlicher Beziehungssysteme* nachdenken, den Begriff der *Autopoiese* (Maturana u. Varela, 1987) um den Begriff der *Allopoiese* (Bleckwedel, 2008) erweitern müssen. *Menschen organisieren nicht nur sich selbst, sie organisieren auch die anderen in ihrer Umgebung.* Da wir das als soziale Wesen gleichzeitig tun, brauchen wir eine Theorie, die dieser Komplexität gerecht wird. Die Bedeutung von *Geschichtlichkeit* scheint mir für unser Leben und Überleben ebenfalls eminent wichtig zu sein. Die Ideen und Konzepte von Ilya Prigogine (Nicolis u. Prigogine, 1987) und Erich Jantsch (1982) sind in dieser Hinsicht wegweisend. Prigogine gelang es, auf biochemischer Ebene die immerwährenden *Zyklen aus Ordnung und Chaos* nachzuweisen und (auch mathematisch) genauer zu beschreiben, in denen aus *einfachen Strukturen* immer wieder *komplexere Strukturen* mit einem höheren Ordnungsniveau hervorgehen (für diese Arbeit erhielt Prigogine 1977 den Nobelpreis für Chemie). Michael Schacht (2010) hat das Prinzip von Prigogine *Ordnung durch Fluktuation* mit dem Spontaneitätsprinzip des Psychdramas verbunden und für die Therapie adaptiert. Auf diesen allgemeinen Prinzipien fußt auch das Modell, dass ich vorschlage.

Entwicklungstheorien, Entwicklungsbereiche, Epigenese menschlicher Beziehungssysteme, Geschichtlichkeit

John Bowlby (1988) und Mary Ainsworth konnten zeigen, wie Babys und kleine Kinder in *enger Bindung mit frühen Bezugspersonen* bestimmte *Bindungsmuster* ausbilden und Bindungsfähigkeiten entwickeln. Die *Bindungstheorie* (Grossmann u. Grossmann, 2011) ist seither eine Art Leitmotiv, wenn es um Beziehungen geht. Natürlich spielen erworbene Bindungsmuster auch in intimen

Beziehungen (Brisch, 2011) eine wichtige Rolle: Zwei Partner mit speziellen Bindungsmustern handeln *Sicherheit* und *Unsicherheit* miteinander aus. Ich glaube aber, dass *intime Beziehungen zwischen Erwachsenen* nicht mit *Eltern-Kind-Beziehungen* gleichgesetzt werden können und dürfen: Es handelt sich um eine *grundlegend andere Kategorie* von Beziehung (andere Voraussetzungen, Kontexte und Regeln). Bindungsaspekte spielen natürlich in allen menschlichen Beziehungen eine Rolle, intime Beziehungen zwischen Erwachsenen erfordern jedoch eine *eigenständige Theoriebildung.* Die Bindungstheorie kann daher nicht einfache auf diese Art der Beziehungen übertragen oder ausdehnt werden. Der bekannte amerikanische Säuglingsforscher und unorthodoxe Psychoanalytiker Daniel Stern (1991, 2010, 2012) hat mein Nachdenken über die Entwicklung von Beziehungen stark beeinflusst. Die Idee und die Konzeption von *Entwicklungsbereichen,* die für Entwicklung *offen* bleiben, habe ich von ihm übernommen. In seinem bahnbrechenden Buch über die Entwicklung des Selbstempfindens (1993) definiert Stern fünf *Formen der Bezogenheit,* in denen fünf *Bereiche des Selbstempfindens* entstehen, die *lebenslang (parallel) bestehen* und *für Entwicklung offen* bleiben. Stern zeigt, wie im Prozess der Entwicklung von Säuglingen und kleinen Kindern die genannten Bereiche allmählich entstehen *(Entstehungszeiten),* auseinander hervorgehen und aufeinander aufbauen. Diese Vorstellung war für die Entwicklungspsychologie revolutionär (sie muss in vielen Köpfen erst noch ankommen) und ist keineswegs bereits ausgeschöpft. Die Idee der epigenetischen Entwicklung ist für das theoretische Verständnis des Modells zentral, daher gehe ich hier etwas ausführlicher auf den Begriff ein.

Epigenese in der Biologie

Der Begriff Epigenese wurde 1942 von Conrad Hal Waddington in die Biologie eingeführt, um bestimmte Zelleigenschaften zu beschreiben. Waddington definiert Epigenetik als: »The branch of biology which studies the causal interactions between genes and their products which bring the phenotype into being«. Als epigenetisch bezeichnet man Prozesse in Zellen oder Organismen, die *nicht* auf einen *vorgegebenen Bauplan* zurückgeführt werden können. Eine solche Unterscheidung wurde notwendig, weil Veränderungen beobachtet werden konnten, die *ohne* eine Änderung der DNA-Sequenz auftraten. Die epigenetische Idee geht also von einer *Wechselwirkung* zwischen Genen und den Phänotypen, die sie hervorbringen, aus. Die Definition von Waddington ist insofern interessant und weitblickend, weil neuere Forschungen zeigen, dass Veränderungen des Phänotypus durchaus direkt, also nicht erst oder nur über den Weg der Vererbung, auf die genetische Basis zurückwirken können (Veränderungen in der Strukturierung und Organisationsform der genetischen Struktur). Die Erkenntnis, dass die psychosoziokulturelle Entwicklung und die Entwicklung biologischer Strukturen sich wechselseitig beeinflussen und zusammen gedacht werden müssen (der Clou der *Hirnforschung;* vgl. Bauer, 2004, 2005), führt zur *Aufhebung der klassischen Dichotomie von Geist und Materie,* von der schon Bateson spricht: *Geist und Natur, eine notwendige Einheit* (1982).

Epigenese in der Psychologie

Die bekannteste Übertragung des epigenetischen Prinzips in den Bereich der Psychologie findet sich bei Erik H. Erikson (1966). Eriksons Thema ist die *gesunde Entwicklung* der *individuellen Persönlichkeit* in der Auseinandersetzung mit seiner *sozialen Umgebung.* Er beschreibt die »Epigenese der Identität« auf psychoanalytischer Grundlage und orientiert sich dabei am *Lebenszyklus.* Innerhalb seiner Entwicklung durchläuft der Mensch phasenspezifische Krisen und Konflikte, die durch die Konfrontation mit gegensätzlichen Wünschen und Anforderungen ausgelöst werden. Die Bewältigung dieser *Konflikte* und *Krisen* beschreibt Erikson als *Entwicklungsaufgaben.* Erikson unterscheidet acht Stadien oder Stufen, in denen sich die individuelle Entwicklung im *Spannungsfeld zwischen Polen* vollzieht:

- erstes Stadium (Säuglingsalter): *Urvertrauen versus Urmisstrauen,*

- zweites Stadium (Kleinkindalter): *Autonomie versus Scham und Zweifel,*
- drittes Stadium (Spielalter): *Initiative versus Schuldgefühl,*
- viertes Stadium (Schulalter): *Werksinn versus Minderwertigkeitsgefühl,*
- fünftes Stadium (Adoleszenz): *Identität und Ablehnung versus Identitätsdiffusion,*
- sechstes Stadium (frühes Erwachsenenalter): *Intimität und Solidarität versus Isolierung,*
- siebtes Stadium (Erwachsenenalter): *Generativität versus Selbstabsorption,*
- achtes Stadium (reifes Erwachsenenalter): *Integrität versus Verzweiflung.*

Theoretisch geht Erikson von einem epigenetischen Aufbau der Ich-Identität aus. Aus einem »Grundplan« heraus bilden sich sukzessive einzelne Teile der Persönlichkeit heraus, wobei »jeder Teil zu seiner eigenen Zeit bestimmenden Einfluss gewinnt« (Erikson, 1966). Die Entwicklung erfolgt *schrittweise* und *stufenförmig*, folgt aber in jedem Stadium einer jeweils eigenen, *spezifischen Logik.* Jedes Stadium baut auf der Entwicklung der vorangegangenen Stadien auf. Die Erfahrungen in der Konfliktbewältigung vorangegangener Stadien bilden das mehr oder weniger stabile Fundament für kommende Stadien. Dabei wird ein Konflikt nie vollständig gelöst, die *Spannungsfelder bleiben* also ein Leben lang *aktuell.*

Die Epigenese von Beziehungssystemen

Lyman Carroll Wynne (1985) bezieht sich ausdrücklich auf Erikson, erweitert die Idee jedoch um einen wesentlichen *systemtheoretischen* Aspekt: »Die Grundidee dabei ist, dass nach systemtheoretischer Sicht die Natur als in einem Kontinuum mit hierarchischer Anordnung organisiert anzusehen ist, wobei die komplexeren größeren Einheiten den einfacheren kleineren übergeordnet sind. Dabei muss jede Ebene als ein in sich organisiertes Ganzes mit unterscheidbaren Eigenschaften und Merkmalen betrachtet werden.

[…] Eine einmal erreichte Ebene kann niemals auf eine einfachere Ebene reduziert werden. […] Organe sind also mehr als eine bloße Anhäufung von Zellen, die Person ist mehr als ein Aggregat von Organen und die Familie ist mehr als ein Aggregat von Personen. In dieser Hierarchie von Organisationen besitzt jede Ebene ihrer eigenen einmaligen Qualitäten, die sie von anderen Ebenen unterscheidet« (Wynne, 1985, S. 115). Damit stellt Wynne das epigenetische Prinzip in den Kontext der logischen Schachtelung von Ebenen (von Bertalanffy, 1976). Dieses Prinzip der hierarchischen Ordnung von Systemebenen spielt in der Theorie lebender Systeme eine zentrale Rolle (Bateson, 1981; Simon, 1997). Da sich Wynne weniger für die Entwicklung einzelner Individuen interessiert, sondern für die Entwicklung zwischenmenschlicher Beziehungen, wählt er einen anderen Bezugspunkt als Erikson. Der Fokus wechselt hin zu dem, was *zwischen Menschen* passiert. Sein Bezugspunkt sind die *Transaktionsmuster,* die in menschlichen Beziehungssystemen (Familien, Paare) *beobachtet* werden können. Der Terminus Transaktion betont (mehr als Interaktion) den Zusammenhang von Beziehungsmustern und den inneren Prozessen der beteiligten Personen: »Im Verlauf von transaktionalen Prozessen machen die am Austausch beteiligten Personen auch einen *inneren* Wandel durch. Alle Teile eines transaktionalen Feldes hängen voneinander ab …« (Wynne, 1985, S. 120). Wynne nennt vier bzw. fünf unterscheidbare Transaktionsmuster: »Prozesse, die in Beziehungssystemen in epigenetischer Abfolge in Erscheinung treten« (Wynne, 1985, S. 117):

1. Bindungs-/Fürsorgeverhalten (»attachment/caregiving«),
2. sich mitteilen bzw. kommunizieren (»communicating«),
3. gemeinsames Problemlösen (»joint problem solving«),
4. Gegenseitigkeit (»mutuality«) und
5. Intimität (»intimacy«).

Der Fokus wechselt, das Prinzip Epigenese bleibt: »der wechselseitige Austausch beziehungsweise die Transaktionen, die in einer bestimmten Entwicklungsphase stattfinden, *bauen auf dem Ergebnis früherer Transaktionen auf* […], werden in irgendeinem gegebenen Entwicklungsstadium gewisse Transaktionen ausgelassen oder verfehlt, ändert dies auch alle kommenden Phasen, weil sich die Grundlage gewandelt hat« (Wynne, 1985, S. 113). Entwicklungsprozesse verlaufen gleichzeitig rekursiv: »jeder (Prozess) beeinflusst alle anderen durch rückläufiges ›zirkuläres‹ Feedback« (S. 120).

Allgemein wird in der epigenetischen Perspektive die Bedeutung von *Geschichtlichkeit* (Theweleit, 1990) als *rekursive Zirkularität* besonders deutlich.

Wynne geht davon aus, dass die *Übergänge* von einem Stadium zum anderen häufig durch *Krisen in Beziehungen* gekennzeichnet sind, so wie individuelle *Entwicklungssprünge* oder Schübe sich oft in innerpsychischen Krisen und Konflikten zeigen (siehe Erikson). Solche kritischen Situationen in Beziehungen, in denen es nicht so weitergehen kann wie vorher, werden meist als Belastung erlebt, bilden jedoch die Voraussetzung für neue, *kreative Lösungen zweiter Ordnung.* Ob das Beziehungssystem aber auf einer qualitativ neuen Entwicklungsstufe weiter existiert oder nicht, kann vorher nicht gesagt werden, es könnte auch zerfallen oder sich auflösen. Wynne nennt das »die Qual und schöpferische Leidenschaft im Banne des Double-Bind« (S. 119).

Aus all dem geht hervor, dass psychische und soziale Systeme in ihrer Entwicklung Gestaltungsspielräume haben, allerdings nur im Rahmen ihrer *Geschichtlichkeit:* Die Entwicklung menschlicher Systeme wird, wie bei allen anderen lebenden Systeme auch, durch ihre Geschichtlichkeit gebahnt und bestimmt. Diese Geschichtlichkeit unterliegt jedoch gleichzeitig einer fortwährenden psychischen und sozialen (Re-)Konstruktion: Nur wenn lebende Systeme sich ständig rekursiv und zirkulär erneuern – sich fehlerfreundlich (Weizsäcker u. Weizsäcker, 1984) neu erfinden auf der Basis ihrer Gewordenheit –, werden sie als Systeme überleben. Mit anderen Worten: Bis zu einem gewissen Grad (und abhängig von der größeren Kontexten) sind einzelne Menschen und soziale Systeme frei, den Rahmen zu gestalten und zu bestimmen, in dem sie sich entwickeln wollen und können – allerdings nur, *wenn* sie den unabänderlichen Wandel aktiv gestalten.

Dank

Zu großem Dank bin ich Lyman Carroll Wynne verpflichtet. Sein Artikel über die Epigenese von Beziehungssystemen hat mich über die Jahre hinweg beruflich begleitet und inspiriert und mein Leben glücklich beeinflusst. Mit Bewunderung danke ich den Paaren, die mir einen Einblick in ihr Beziehungsleben gewährten. Helmut Wetzel danke ich für den Hinweis auf die Pionierarbeit von Judith Wallerstein. Renate Weihe-Scheidt, Nele Lauer, Till Bleckwedel Angelika Birner, Christiane Mahler-Napp und Knut Falk haben in den Anfängen des Projekts mit kritischen Anmerkungen wichtige Weichen gestellt, danke! Der Deutsch-Chinesischen Gesellschaft für Psychotherapie, besonders Doris Biedermann, Professor Zhao Xudong von der Tongji-Universität in Shanghai sowie Professor Tang Denghua und Dr. Lin Hong vom Institut für seelische Gesundheit der Universität von Beijing möchte ich für die Gelegenheit danken, meine Ideen in einem völlig anderen kulturellen Kontext vorstellen zu können (2013). Für die Möglichkeit, in Ruhe zu schreiben, danke ich meinen Gastgebern, Claus Runge für *das* Appartment am Riverside Drive in Manhattan, David Young für den Sommer in San Francisco, Uwe Burchhard von der Cascina Intersenga in Vignale für seine Herzlichkeit und Martin Caesar und Theresia Thörner für den Portico in Casorzo. Ein besonders herzliches Dankeschön geht an Meik Lauer für die Grafiken. Günter Presting und Sandra Englisch vom Verlag Vandenhoeck & Ruprecht haben das Projekt von Anfang an mit Enthusiasmus begleitet, ich weiß das zu schätzen.

Von ganzem Herzen danke ich meiner geliebten Frau, Muse und Kollegin Eva für die vielen Gespräche und Anregungen, die Geduld, vor allem aber für die glückliche Beziehung, die mich seit über 35 Jahren trägt und beflügelt, die mir Mut gibt und Vertrauen ins Leben und die wunderbarer nicht sein könnte.

Literatur

Acevedo, B. P., Aron, A., Fisher, H. E., Brown, L. L. (2011). Neural correlates of long-term intense romantic love. Social Cognitive and Affective Neuroscience, 3, 20.

Aron, A., Fisher, H., Mashek, D. J., Strong, G., Li, H., Brown, L. L. (2005). Reward, motivation, and emotion systems associated with early-stage intense romantic love. Journal of Neurophysiology, 94 (1), 327–37.

Athelete (2005). Tourist. CD. UK: Parlaphon records.

Bader, E., Pearson, P. (1988). In quest of the mythical mate: A developmental approach to diagnosis and treatment in couples therapy. New York: Brunner/Mazel.

Balint, M. (1960). Angstlust und Regression. Stuttgart: Klett-Cotta.

Bank-Mugerauer, U. (2008). Das (Un-)Glück von Paarbeziehungen – von ihren Chancen, Risiken und Nebenwirkungen. Zugriff am 01.10.2002 unter http://www.eheberatung-karlsruhe.de/seiten/ursula_vortragtexte.htm

Bartens, W. (2013). Was Paare zusammen hält. München: Knauer.

Barthes, R. (1988). Fragmente einer Sprache der Liebe. Frankfurt a. M.: Suhrkamp.

Bateson, G. (1981). Ökologie des Geistes. Frankfurt a. M.: Suhrkamp.

Bateson, G. (1982). Geist und Natur. Eine notwendige Einheit. Frankfurt a. M.: Suhrkamp.

Bateson, G., Bateson, M. C. (1993). Wo Engel zögern. Frankfurt a. M.: Suhrkamp.

Bauer, J. (2004). Das Gedächtnis des Körpers: wie Beziehungen und Lebensstile unsere Gene steuern. München: Piper.

Bauer, J. (2005). Warum ich fühle, was du fühlst. Intuitive Kommunikation und das Geheimnis der Spiegelneuronen. Hamburg: Hoffmann & Campe.

Benatzky, R. (2002). Triumph und Tristesse. Aus den Tagebüchern von 1919 bis 1946. Berlin: Parthas.

Berkic, J. (2006). Bindung und Partnerschaft bei Langzeit-Ehepaaren. Berlin: Rhombos. Bertalanffy, L. von (1976). General system theory. New York: Braziller.

Bleckwedel, J. (2000). Menschliche Koordination zwischen Autonomie und Bindung. Subjektbeziehungstheoretisches Modell zum Verständnis elementarer Identitäts- und Beziehungsstörungen. Zeitschrift Psychodrama, 10 (1/2), 91–143.

Bleckwedel, J. (2008). Systemische Therapie in Aktion. Göttingen: Vandenhoeck & Ruprecht.

Boszormenyi-Nagy, I., Spark, G. M. (2001). Unsichtbare Bindungen. Stuttgart: Klett-Cotta.

Boszormenyi-Nagy, I., Krasener, B. R. (1986). Between give and take. New York: Brunner/Mazel.

Bowlby, J. (1988). A secure base. London: Basic Books.

Brisch, K. H. (2011). Bindung – Paare, Sexualität und Kinder. Stuttgart: Klett-Cotta.

Buber, M. (1962). Das Dialogische Prinzip. Gerlingen: Schneider.

Buber, M. (1979). Ich und Du. Heidelberg: Lamberg.

Buer, F. (1989). Morenos therapeutische Philosophie. Opladen: Leske und Budrich.

Busch, W. (1959). Werke. Historisch-kritische Gesamtausgabe. Hamburg: Standard-Verlag.

Carter, E., McGoldrick, M. (1980). The family life cycle: A framework for family therapy. New York: Gardner.

Clement, U. (2011). Systemische Sexualtherapie (5. Aufl.). Stuttgart: Klett-Cotta.

Dürr, H. P. (1994). Intimität. Der Mythos vom Zivilisationsprozess. Frankfurt a. M.: Suhrkamp.

Elias, N. (1976). Über den Prozess der Zivilisation. Frankfurt a. M.: Suhrkamp.

Erikson, E. H. (1966). Identität und Lebenszyklus. Frankfurt a. M.: Suhrkamp.

Fisher, H. (2005). Warum wir lieben: Die Chemie der Leidenschaft. Düsseldorf: Walter.

Fisher, H. (2008). The brain in love. TED, February 2008, youtube.

Fonagy, P. (1997). Multiple voices vs. meta-cognition: An attachment theory perspective. Journal of Psychotherapy Integration, 7, 181–194.

Fonagy, P., Gergely, G., Jurist, E. L., Target, M. (2011). Affektregulierung, Mentalisierung, und die Entwicklung des Selbst. Stuttgart: Klett-Cotta.

Fleishman, L. (2014). Love ever after. Internet-Fotoprojekt: www.kickstarter.com/projects/laurenfleishman/love-ever-after

Freud, S. (2001). Gesammelte Werke. Frankfurt a. M.: Fischer.

Füllsack, M. (2011). Gleichzeitige Ungleichzeitigkeiten. Eine Einführung in die Komplexitätsforschung. Wiesbaden: VS-Verlag.

Geißler, K. A. (2010). Lob der Pause. Warum unproduktive Zeiten ein Gewinn sind. München: oekom.

Gernhardt, R. (2001). Im Glück und Anderswo. Frankfurt a. M.: Fischer TB.

Gertz, H. (2014). Das Spiel seines Lebens. SZ, Die Seite 3 vom 07.06.2014.

Graf, J. (2005). FamilienTeam – das Miteinander stärken. Das Geheimnis glücklichen Zusammenlebens. Freiburg: Herder.

Grammer, K., Fink, B., Neave, N. (2005). Human pheromones and sexual attraction. European Journal of Obstetrics and Gynecology and Reproductive Biology, 118 (2), 135–142.

Grossmann, K. E., Grossmann, K. (2011). Bindung und menschliche Entwicklung: John Bowlby, Mary Ainsworth und die Grundlagen der Bindungstheorie. Stuttgart: Klett-Cotta.

Habermas, J. (1988). Theorie des kommunikativen Handelns. Frankfurt a. M.: Suhrkamp.

Haken, H. (1987). Die Selbstorganisation der Information in biologischen Systemen aus Sicht der Synergetik. In O. B. Küppers (Hrsg.), Ordnung aus dem Chaos (S. 127–156). München: Piper.

Haken, H., Schiepek, G. (2006). Synergetik in der Psychologie. Selbstorganisation verstehen und gestalten. Göttingen: Hogrefe.

Hartkemeyer, M., Hartkemeyer, J. (1998). Die Kunst des Dialogs. Kreative Kommunikation entdecken. Stuttgart: Klett-Cotta.

Heine, H. (1851). Werke. Sonderausgabe Bd 2: Lamentationen. Wiesbaden: R. Löwit.

Hüther, G. (1999). Die Evolution der Liebe. Göttingen: Vandenhoeck & Ruprecht.

Hüther, G. (2004). Die Macht der inneren Bilder Göttingen: Vandenhoeck & Ruprecht.

Irving, J. (2012). Interview in der Wochenendbeilage der SZ 17./18.11.2012.

Irving, J. (2013). In einer Person. Zürich: Diogenes.

Jantsch, E. (1982). Die Selbstorganisation des Universums. Vom Urknall zum menschlichen Geist. München: DTV.

Jellouschek, H. (1998). Wie Partnerschaft gelingt – Spielregeln der Liebe. Freiburg: Herder.

Jellouschek, H. (2010). Liebe auf Dauer: was Partnerschaft lebendig hält. Freiburg: Herder.

Kelb, J. (2014). Midnight poems. Unveröffentlicht.

Kraus, K. (1975). Ausgewählte Werke. Gütersloh: Bertelsmann.

Kunze, R. (1984) rudern zwei. In R. Kunze, gespräch mit der amsel. Frankfurt a. M.: S. Fischer.

Lennon, J., McCartney, P. (1969). Abbey Road. London: EMI records.

Levithan, D. (2012). Das Wörterbuch der Liebe. Roman. Berlin: List.

Lewin, K. (1963). Feldtheorie in den Sozialwissenschaften. Bern: Huber.

Luhmann, N. (1987). Soziale Systeme: Grundriß einer allgemeinen Theorie. Frankfurt a. M.: Suhrkamp.

Luhmann, N. (1994). Liebe als Passion: Zur Codierung von Intimität. Frankfurt a. M.: Suhrkamp.

Matt, P. von (1999). Die Liebe in der Literatur. Familiendynamik, 24 (4), 369–381.

Maturana, H., Varela, F. (1987). Der Baum der Erkenntnis. München: Scherz.

Maturana, H., Verden-Zöller, G. (1993). Liebe und Spiel. Heidelberg: Carl-Auer.

Menotti, C. L. (2013). »Pep Guardiola ist obsessiv, ohne zu nerven«. Interview von Peter Burghardt, SZ-Magazin, Heft 25, vom 21.06.2013.

Milnes, A. A. (2009). Pu der Bär. Gesamtausgabe. Hamburg: Dressler.

Moreno, J. L. (1954). Grundlagen der Soziometrie. Opladen: Westdeutscher Verlag.

Musil, R. (1978). Der Mann ohne Eigenschaften. Hamburg: Rowohlt.

Napir, Y. (1991). Ich dachte, meine Ehe sei gut, bis meine Frau mir sagte, wie sie sich fühlt. München: Goldmann.

Nicolis, G., Prigogine, I. (1987). Die Erforschung des Komplexen. München: Piper.

Nordenmark, M., Nyman, C. (2003). Fair or unfair? Perceived fairness of household division of labor and gender equality among woman and men. The European Journal of Woman's Sudies,10 (2), 181–209.

Packer, G. (2014). The unwinding: An inner history of the New America. New York: Farrer Straus Giroux.

Perel, E. (2013). The secret to desire in a long-term relationship. Zugriff am 29.08.2014 unter https://www.youtube.com/ watch?v=sa0RUmGTCYY

Piketty, T. (2014). Das Kapital im 21. Jahrhundert. München: C. H. Beck.

Reichle, B., Zahn, F. (2006). »Und sie bewegt sich doch«. Aufgaben in Partnerschaften verändern sich im Lauf des Familienzyklus. In M. Endepohls-Ulpe, A. Jesse (Hrsg.), Familie und Beruf – weibliche Lebensperspektiven im Wandel (S. 85–102). Frankfurt a. M.: Peter Lang.

Retzer, A. (2011). Lob der Vernunftehe. Frankfurt a. M.: Fischer.

Revenstorf, D. (2008). Die geheimen Mechanismen der Liebe: Sieben Regeln für eine glückliche Beziehung. Stuttgart: Klett-Cotta.

Rilke, R. M. (2007). Briefe an einen jungen Dichter. Berlin: Insel Verlag.

Rufer, M. (2013). Erfasse komplex, handle einfach: Systemische Psychotherapie als Praxis der Selbstorganisation. Göttingen: Vandenhoeck & Ruprecht.

Saint-Exupéry, A. (2012). Der kleine Prinz. Düsseldorf: Rauch.

Sandel, M. J. (2013). Gespräch mit E. von Thadden: Was ist das gute Leben? Die Zeit Philosophie (Sonderheft), 68 (25), 27–28.

Schacht, M. (2010). Das Ziel ist im Weg. Wiesbaden: VS Verlag für Sozialwissenschaften.

Schnarch, D. (2014). Intimität und Verlangen: Sexuelle Leidenschaft in dauerhaften Beziehungen. Stuttgart: Klett-Cotta.

Searl, J. (2014). Interview. Zugriff am 29.08.2014 unter http://www.nybooks.com/blogs/nyrblog/2014/jun/20/john-searle-philosopher-world/.

Shapiro, D. A. (2012). You can be right (or you can be married). New York: Scribner.

Seligmann, M.E.P. (2003). Der Glücksfaktor. Bergisch-Gladbach: Lübbe.

Simon, F. B. (1997). Lebende Systeme. Frankfurt a. M.: Suhrkamp.

Simon, F. B., Stierlin, H. (1984). Die Sprache der Familientherapie: ein Vokabular. Stuttgart: Klett-Cotta.

Stern, D. N. (1991). Tagebuch eines Babys. München: Piper.

Stern, D. N. (1993). Die Selbsterfahrung des Säuglings. Stuttgart: Klett-Cotta.

Stern, D. N. (2010). Der Gegenwartsmoment: Veränderungsprozesse in Psychoanalyse, Psychotherapie und Alltag. Frankfurt a. M.: Brandes & Apsel.

Stern, D. N. (2012). Veränderungsprozesse: Ein integratives Paradigma. Frankfurt a. M.: Brandes & Apsel.

Stierlin, H. (1971). Das Tun des Einen ist das Tun des Anderen. Frankfurt a. M.: Suhrkamp.

Stierlin, H. (1989). Individuation und Familie. Frankfurt a. M.: Suhrkamp.

Stierlin, H. (2001). Psychoanalyse – Familientherapie – Systemische Therapie. Stuttgart: Klett-Cotta.

Sullivan, H. S. (1980). Die interpersonelle Theorie der Psychiatrie. Frankfurt a. M.: Fischer.

Theweleit, K. (1990). Ein Aspirin von der Größe der Sonne. Freiburg: Jos Fritz.

Tomasello, M., Schröder, J. (2011). Die Ursprünge der menschlichen Kommunikation. Frankfurt a. M.: Suhrkamp.

Tomasello, M., Zeidler, H. (2010). Warum wir kooperieren. Frankfurt a. M.: Suhrkamp.

Waits, T. (2009). »Simsalabim«. Interview. Zeitmagazin vom 08.12.2009.

Wallerstein, J. S., Blakeslee, S. (1996). Gute Ehen. Wie und warum die Ehe dauert. Weinheim u. Berlin: Quadriga Verlag.

Weihe-Scheidt, R. (2001). Loyalität und Ausgleich – die Grundlagen der neuen »Ordnungsliebe«. Rezension. Kontext, 32 (3).

Weizsäcker, C. von, Weizsäcker, E. U. von (1984). Fehlerfreundlichkeit. In K. Kornwachs (Hrsg.), Offenheit – Zeitlichkeit – Komplexität. Frankfurt a. M.: Campus.

Welter-Enderlin, R. (1995). Paare – Leidenschaft und lange Weile. Die Kunst des Lebens zu zweit. Freiburg: Herder.

Welter-Enderlin, R., Hildenbrand, B. (1998). Gefühle und Systeme. Heidelberg: Carl-Auer-Systeme.

Willi, J. (1975). Die Zweierbeziehung: Das unbewusste Zusammenspiel von Partnern als Kollusion. Reinbek: Rowohlt.

Willi, J. (1978). Therapie der Zweierbeziehung. Stuttgart: Klett-Cotta.

Willi, J. (1991). Nur wer die Sehnsucht kennt … Psychologie Heute, März 1991, 30–37.

Willi, J. (1996). Ökologische Psychotherapie. Göttingen: Hogrefe.

Willi, J. (2007). Die Kunst gemeinsamen Wachsens. Reinbek: Rowohlt.

Winnicott, D. W. (1994). Die menschliche Natur. Stuttgart: Klett-Cotta.

Wir Sind Helden (2003). Außer Dir. Judith Holofernes.

Wynne, L. C. (1985). Die Epigenese von Beziehungssystemen. Familiendynamik, 10 (2), 112–146.

Yglesias, R. (2010). Glückliche Ehe. Stuttgart: Klett-Cotta.

Kreativitätsschub für die systemische Therapie und Beratung

Jan Bleckwedel
**Systemische Therapie
in Aktion**
Kreative Methoden in der Arbeit
mit Familien und Paaren

3. Auflage 2011. 314 Seiten,
mit 25 Abb. und 26 Tab., kartoniert
ISBN 978-3-525-49137-9

Therapeuten wissen aus eigenem Erleben: Aktionsmethoden machen Spaß. Aber wie befördert man damit die Arbeit mit Familien und Paaren?

Jan Bleckwedel zeigt, wie Therapeuten und Klienten zu gestaltenden Akteuren werden. Dafür stellt er ein breites Repertoire systemischer Aktionstools und psychodramatischer Techniken zur Verfügung. Fallbeispiele verdeutlichen, wie therapeutische Prozesse mit Familien und Paaren kreativ gestaltet werden können. Ein methodenübergreifendes Navigationssystem gibt dem Therapeuten Orientierung. Übersichten, Listen und Graphiken machen das Buch als Ergebnis langjähriger Praxis- und Lehrerfahrungen zu einem Nachschlagewerk, das zur Aktion und Reflexion ermutigt.

www.v-r.de

Die verlorene Sprache der Liebe wiederfinden

Elisabeth Drimalla

Amor altert nicht

Paarbeziehung und Sexualität
im Alter

2015. Ca. 128 Seiten, inkl. Download-
material, kartoniert
ISBN 978-3-525-40254-2
Erscheint im März 2015

Das Alter hält zahlreiche Herausforderungen für jeden Einzelnen und auch für die Liebe in Partnerschaft und Ehe bereit.
Körperliche Veränderungen, die individuellen Lebensge-
schichten, aktuelle Lebenssituation, Konflikte und Paardynamik spielen zusammen und werden darüber hinaus durch
gesellschaftliche Normen beeinflusst. Dieses Buch vermittelt
älteren Menschen Wissen und praktische Unterstützung, um
ihre oft gestörte oder verlorengegangene sexuelle Beziehung
wiederzufinden, weiterzuentwickeln und zu intensivieren. Sie
erfahren, wie und warum körperliche Erkrankungen die Paarbeziehung und Sexualität verändern können, und bekommen
Anregungen, auch im Alter mit dem Partner Lebendigkeit und
Erotik zu erleben.

Das kostenlose Downloadmaterial enthält Fragebögen und
Übungen.

www.v-r.de

Das Körperliche im Systemischen

András Wienands (Hg.)
System und Körper
Der Körper als Ressource
in der systemischen Praxis

2014. 245 Seiten, kartoniert
ISBN 978-3-525-40191-0

eBook: ISBN 978-3-647-40191-1

Die Komfortzone von Sitzen und Reden zu verlassen, birgt
immer auch ein gewisses Risiko. Aber gerade das Bewusstsein,
etwas zu riskieren, macht es für den Prozess von Therapie,
Beratung, Coaching und Supervision so wertvoll, aufzustehen
und etwas Neues zu wagen. Veränderungsprozesse brauchen
immer auch neue Erfahrungen. Der Therapieraum muss
deshalb neben einem Raum für Erkenntnisse immer auch zu
einem Raum für Erfahrungen werden, wo neue Gedanken, Gefühle und Handlungen sowohl verstanden als auch erfahren
werden können. Dieses Buch stellt unterschiedlichste Möglichkeiten vor, den Körper als Ressource in den Praxisfeldern
Beratung, Therapie, Kinder- und Jugendarbeit, Sozialarbeit,
Coaching, Supervision zu nutzen: über die Wahrnehmung,
Haltung, Sprache, Empfindung, Ausdruck, Interaktion, Be-
rührung, Bewegung, Mimik, Gestik, Stimme. Mögen auch die
Leserinnen und Leser dadurch in Bewegung kommen!

www.v-r.de

Paarberatung

Maria Kraft
**Märchenhaft und
mörderisch**
Ehealltag im Märchen

2010. 176 Seiten, kartoniert
ISBN 978-3-525-40137-8
eBook: ISBN 978-3-647-40137-9

Ehepaare machen in Märchen extreme Erfahrungen im Spannungsfeld von Symbiose und Abgrenzung, Zwang und Freiheit. Doch gibt es auch Beispiele für gelingende Partnerschaften, von Paaren, die ihr Glück miteinander bewahren können. Maria Kraft hält uns anhand von zwölf Märchen, die für sechs Beziehungsmuster stehen, einen Spiegel vor, der therapeutisch wirksam sein kann.

»Das Buch ist nicht nur eine Bereicherung für den Beratungsalltag, sondern für jede/n eine märchenhafte Einladung seine Beziehung einmal unter einem ganz anderen Aspekt zu sehen.«
Geschichten-Bücher S. Strobach

Ingeborg Volger /
Martin Merbach
Die Beziehung verbessern
Beratung von Paaren, die unter ihrer Kommunikation leiden

2010. 138 Seiten, kartoniert
ISBN 978-3-525-67003-3
eBook: ISBN 978-3-647-67003-4

Das Ziel von Paargesprächen besteht darin, mit beiden Partnern ein Verständnis über ihre Beziehungsdynamik zu erarbeiten. Das gelingt, indem der Beratende die Dynamik des Paares versteht und dem Paar zurückspiegelt. Erst durch dieses gemeinsame und prozesshafte Verstehen ist dauerhafte Veränderung möglich. Der von den Autoren vorgestellte Ansatz wurde in den letzten 40 Jahren im Evangelischen Zentralinstitut für Familienberatung Berlin entwickelt und vielfach erprobt.

www.v-r.de